LA GROTTE DU PONT D'ARC

dite grotte Chauvet | Sanctuaire préhistorique

Jean Clottes

ACTES SUD

Tous mes remerciements vont aux auteurs de certains documents, comme précisé dans les légendes (Marc Azéma, Fred Maksud, Yanik Le Guillou), ainsi qu'au musée d'Altamira et au Muséum d'histoire naturelle de Toulouse, dont les photographies de deux œuvres figurent dans l'ouvrage.
Je n'aurais garde d'oublier les découvreurs auxquels nous devons cette merveille qu'est la grotte du Pont d'Arc et l'équipe scientifique qui l'étudie depuis 1998, actuellement sous la direction de Jean-Michel Geneste, non plus que le département de l'Ardèche, le ministère de la Culture et la région Rhône-Alpes qui n'ont cessé de s'intéresser à la faire connaître.

Toutes les images de cet ouvrage sont de Jean Clottes, sauf celles de la p. 61a (Yanik Le Guillou) et celles des p. 88-89, 92a-b, 93a-b (Stéphane Compoint).

ISBN : 978-2-330-03577-8
Dépôt légal : mai 2015

SOMMAIRE

PRÉFACE

Dix-huit ans après la découverte des décors peints de la grotte Chauvet-Pont d'Arc, un équipement culturel d'un genre nouveau est prêt à voir le jour à proximité du site. Il sera en effet à jamais impossible d'ouvrir la grotte à la visite, tant pour des raisons de conservation de ces œuvres d'art que pour la sécurité des visiteurs. Il est pourtant indispensable, en cette période où l'intérêt pour le patrimoine est largement répandu, de proposer en partage – de restituer ! – au plus grand nombre ces figurations, reconstituées grandeur nature, et d'en livrer les éléments d'interprétation qui permettent d'en comprendre les techniques et les motivations.

Tel est le propos de cet ouvrage qui, après nombre de publications savantes, vient vulgariser – au meilleur sens du terme – ces découvertes et ces premières analyses. L'éditeur a sollicité pour ce faire le meilleur spécialiste des grottes ornées, en la personne de Jean Clottes, qui a expertisé partout dans le monde de telles formes du premier art et a dirigé l'équipe de recherche qui s'est penchée sur le cas extraordinaire de la grotte Chauvet-Pont d'Arc.

Outre une description détaillée des figurations, l'auteur, en véritable anthropologue, livre ici une vision religieuse de cet art, à tout le moins une interprétation spirituelle des motivations de ces artistes qui investissent un espace souterrain pour produire des œuvres destinées à rester cachées, séparées des espaces de vie.

Demeure intacte l'émotion que l'on peut ressentir devant le talent et l'imagination de nos lointains ancêtres ; et l'étonnement devant l'ancienneté de ces formes (ce site – dont les premières peintures datent d'il y a trente-six mille ans – ayant fait reculer de façon importante la "naissance" de l'art !) ou le mystère d'une pensée et de comportements sociaux que nous ne pouvons que tenter d'imaginer. Comme demeure l'éternelle interrogation, sans doute très éloignée de notre actuelle relation à l'art, sur la proximité qu'ont longtemps entretenu la création artistique et la spiritualité.

Jean Guibal,
directeur de la collection, est conservateur en chef du patrimoine et directeur du musée Dauphinois à Grenoble.

LA GROTTE CHAUVET-PONT D'ARC

SANCTUAIRE PRÉHISTORIQUE

La découverte de la grotte Chauvet-Pont d'Arc en décembre 1994, puis sa révélation au monde en janvier 1995, une fois prises les précautions indispensables par le ministère de la Culture pour assurer sa protection et sa conservation, fut un événement majeur dont les échos résonnèrent dans le monde entier. Il est rare que la révélation d'une nouvelle grotte ornée suscite un tel intérêt dans le public et dans des milieux aussi divers.

La grotte Chauvet-Pont d'Arc ne peut se comparer qu'à celles de Lascaux, en Dordogne, et d'Altamira, en Espagne cantabrique, pour l'ampleur, le nombre et la qualité esthétique de ses œuvres. Or, Lascaux fut révélée en septembre 1940, à un moment difficile de l'histoire de notre pays, et Altamira à une tout autre époque, à la fin du XIXe siècle, en 1879. Ces grottes ne bénéficièrent donc pas d'une couverture médiatique aussi étendue, puisque dans le cas de Chauvet-Pont d'Arc elle s'adressa à tous les publics et pas seulement aux spécialistes.

Quelques mois plus tard à peine, l'intérêt redoubla lorsque furent connues les premières dates obtenues sur certains des nombreux charbons qui jonchaient les sols et même sur quelques représentations d'animaux tracées au fusain. Chauvet-Pont d'Arc était beaucoup plus ancienne que Lascaux et Altamira, et attribuable à une époque où l'on ne connaissait jusque-là qu'un art assez sommaire et fruste. Cela remettait en cause les théories sur l'évolution de l'art en usage jusqu'alors.

C'est assez dire l'importance considérable de cette grotte ardéchoise, non seulement en tant que patrimoine culturel exceptionnel, mais également pour l'histoire des origines et du développement de l'art.

Le présent ouvrage reprend l'iconographie et les textes publiés en 2013 dans un fascicule portant le même titre par Le Dauphiné libéré Éditions, que nous remercions chaleureusement.

Jean Clottes

La Basse Vallée de l'Ardèche

À l'époque glaciaire

Si nous pouvions remonter le temps, nous trouverions l'Ardèche des premiers visiteurs de la grotte Chauvet-Pont d'Arc à la fois étrange, avec ses paysages glaciaires et ses animaux sauvages, et pourtant familière.

Lorsque commence la fréquentation de la grotte Chauvet-Pont d'Arc par l'homme, il y a environ trente-sept mille ans, les profondes gorges de l'Ardèche et les plateaux qui les entourent existent depuis des millions d'années et présentent en gros leurs caractéristiques actuelles, avec leurs falaises creusées d'abris et de grottes. Au fil des millénaires, certaines s'effondreront et d'énormes éboulis se constitueront sur les pentes, comme ce fut le cas pour Chauvet-Pont d'Arc dont l'entrée se colmata ainsi il y a plus de vingt millénaires. Le paysage géologique, toutefois, est quasiment le même que celui que nous connaissons, avec l'Ardèche qui serpente sur près d'une trentaine de kilomètres au fond de ses canyons.

Le climat, en revanche, est nettement plus froid. Les spécialistes estiment que la température sur l'année devait être en moyenne de 4,5 °C inférieure à celle de nos climats tempérés. Cela correspond à peu près aux températures actuelles du Sud de la Norvège. C'est suffisant pour entraîner des modifications considérables des paysages, des animaux qui y vivent et, par voie de conséquence, des modes de vie des gens.

Les plateaux étaient comparables à une steppe, surtout herbeuse. Les paysages, de hauteur et de vallée, n'étaient cependant pas dépourvus d'arbres, bien qu'ils fussent moins nombreux et moins denses que de nos jours. Ils comprenaient surtout le pin sylvestre, le bouleau et le genévrier, comme l'ont révélé

Double page précédente
Le pont d'Arc dans le brouillard, vu depuis l'amont.

Aurochs.

les analyses des pollens transportés tout au fond de la grotte par les ours et par les hommes.

Les animaux pullulaient : troupeaux de chevaux, de bisons ou d'aurochs, bœufs musqués au front puissant, mammouths aux longues défenses, bouquetins dans les rochers, rennes et diverses espèces de cerfs, celui que nous connaissons et un autre qui a depuis disparu, le spectaculaire cerf mégacéros, aux bois de 3 mètres d'envergure. Ils seront tous représentés dans la grotte Chauvet-Pont d'Arc, comme leurs prédateurs, les énormes lions des cavernes sans crinière, la panthère des neiges ou encore l'hyène. Le gigantesque ours des cavernes (plus de 3 mètres de haut lorsqu'il se tenait debout) hantait les lieux depuis des milliers d'années. Ses traces sur les sols, ses griffades sur les parois et ses ossements abondent dans la grotte Chauvet-Pont d'Arc, où il a précédé les hommes et qu'il a fréquentée pendant de nombreux millénaires, surtout pour y hiberner.

Les plus anciens auteurs des peintures de la grotte Chauvet-Pont d'Arc sont appelés Aurignaciens. Ils vivaient de chasse, de pêche et de cueillette. Ils ne cultivaient pas ni n'élevaient des animaux. C'étaient des prédateurs. On connaît leurs armes par leurs pointes de sagaies, le plus souvent en bois de cervidé ou en ivoire de mammouth, parfois à base fendue afin de pouvoir les insérer dans une hampe en bois qui ne s'est pas conservée. Ni le propulseur ni l'arc n'avaient encore été inventés et la chasse, certainement collective, devait exiger une approche du gibier à quelques mètres. Ce n'était pas sans risques…

Les Gravettiens, qui leur succèdent il y a environ trente mille ans et qui ont eux aussi fréquenté la grotte, sont leurs descendants directs. Ils ont quelque peu perfectionné leur outillage dont les formes nouvelles permettent aux spécialistes de les distinguer de leurs prédécesseurs, mais les modes de vie restent essentiellement les mêmes.

Si la chasse laisse des traces concrètes avec les os des animaux consommés, il n'en va pas de même de la cueillette des baies, des fruits et des tubercules comestibles, qui dut pourtant jouer un rôle majeur dans l'alimentation de l'époque. On le sait par les comparaisons que l'on peut faire avec des peuples contemporains ou disparus il y a peu qui pratiquaient encore ces modes de vie de chasseurs-cueilleurs. En général, les apports de la cueillette – souvent par les femmes et les enfants – sont nettement supérieurs à ceux de la chasse, car beaucoup moins aléatoires.

Chevaux, mammouths, rhinocéros laineux, lions des cavernes et leur proie dans un paysage glaciaire. Museo de Altamira/ M. Antón (Cantabrie, Espagne).

Aurignaciens et Gravettiens, contrairement à une opinion encore trop répandue, ne vivaient pas dans les cavernes, hors de la lumière du jour, mais dans leurs entrées ou sous les auvents d'abris-sous-roche. Leurs vestiges en

De gauche à droite
Bouquetin mâle de type alpin, celui qui fut dessiné dans la grotte Chauvet-Pont d'Arc. Le bouquetin est par excellence un animal de rochers.

Rennes qui se déplacent dans un paysage glaciaire au Canada. Les rennes furent un gibier de choix pendant les temps glaciaires.

Cheval de Przewalski, identique à ceux représentés dans les grottes, avec sa crinière hérissée et son museau blanc en hiver.

Bison d'Europe. Jeune bison mâle au moment de la mue.

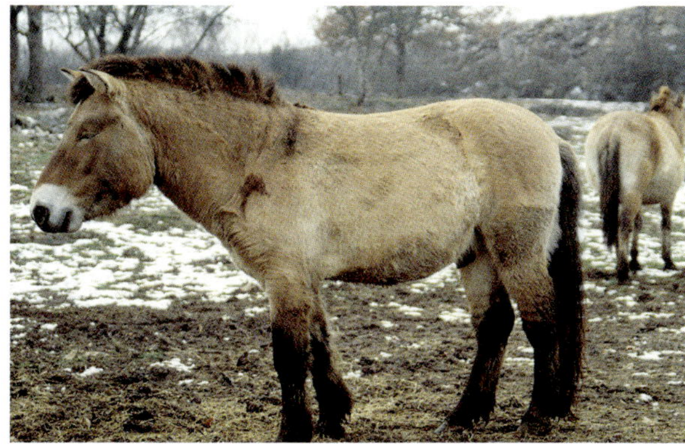

Les hommes de l'époque

Avant les premiers hommes modernes, les Néandertaliens ont occupé l'Ardèche. Sans doute en restait-il quelques groupes plus ou moins isolés au temps de Chauvet. Ces Néandertaliens étaient suffisamment proches des hommes modernes pour que des métissages aient eu lieu: nous avons tous quelques gènes néandertaliens... Cela ne signifie pas qu'ils aient été les auteurs des peintures! En effet, on ne leur connaît pas d'art indiscutable. C'est avec les nouveaux arrivants, venus d'Afrique d'abord, du Proche-Orient ensuite, que l'art prend son essor, soit sur des objets que l'on met au jour dans les détritus de leurs habitats, soit sur les parois des grottes. On les appelle parfois hommes de Cro-Magnon ou Homo sapiens*. En fait, il serait bien préférable de substituer à ce terme, consacré mais impropre, celui d'*Homo spiritualis artifex*, car la création et la généralisation de l'art témoignent d'une distanciation d'avec le réel et de croyances qui sont le propre de la spiritualité et de l'humanité moderne.*

Squelettes de grand cerf mégacéros aux bois démesurés et d'hyène. Muséum d'histoire naturelle de Toulouse.

Cerf mégacéros représenté dans la grotte Chauvet-Pont d'Arc au moment de la perte des bois. L'accent est mis sur la bosse caractéristique de cet animal.

Tente traditionnelle saami en Norvège. Les hommes du Paléolithique pouvaient avoir des tentes de ce genre, les peaux animales remplaçant la toile.

témoignent. Comme les Indiens des Amériques, ils devaient aussi utiliser des tentes, qui n'ont guère laissé de traces, et ils avaient un mode de vie semi-nomade, en fonction des déplacements du gibier. Leur monde, où les humains étaient peu nombreux et où les animaux abondaient, le permettait.

Ils ont quelque peu perfectionné leur outillage. Ainsi, ils fabriquent des pointes de projectiles sur des lames de silex très droites présentant un dos façonné, que l'on appelle "pointes de la Gravette", ou encore de petits burins particuliers qualifiés de "burins de Noailles". Ces formes nouvelles permettent aux spécialistes de les distinguer de leurs prédécesseurs, mais les modes de vie restent essentiellement les mêmes. Aucun de ces outils caractéristiques n'a été découvert dans la grotte, où l'incursion des Gravettiens a été décelée grâce aux datations radiocarbone obtenues sur les traits de torches et les charbons au sol. Aurignaciens et Gravettiens ont en effet apporté du bois (pin sylvestre) : ils l'ont utilisé soit pour leurs torches, soit pour faire sur place des feux qui leur ont donné les charbons servant aux dessins.

LE PONT D'ARC

Merveille de la nature et des dieux

À l'entrée des gorges de l'Ardèche et à quelques kilomètres en aval de Vallon-Pont-d'Arc, le pont d'Arc, dont le village a pris le nom, attire chaque année plus d'un million de touristes. Il coupe une énorme barre rocheuse et présente une arche superbe, haute de 54 mètres pour près de 60 mètres de large.

Nous connaissons bien, grâce aux études géologiques, l'origine de cette merveille de la nature. L'Ardèche, après s'être heurtée à une épaisse barre rocheuse et l'avoir contournée en un vaste méandre, que l'on appelle le cirque d'Estre, aujourd'hui occupé par des vignes, l'a peu à peu rongée en profondeur au fil des temps et a fini par la percer entièrement il y a plus de quatre cent mille ans. De temps en temps, lors de crues tout à fait exceptionnelles, la rivière peut sortir de son lit et réoccuper son ancien cours.

C'est dire que les occupants de la vallée, à l'époque où ils se rendirent à la grotte Chauvet-Pont d'Arc pour la première fois, à une demi-heure de marche à peine du pont d'Arc, avaient sous les yeux un spectacle qui n'était guère différent de celui que nous connaissons de nos jours. Il a dû susciter bien des imaginations, des histoires et des croyances.

Après la découverte de la grotte Chauvet-Pont d'Arc, l'un des spéléologues qui y fut mêlé, Daniel André, suggéra que depuis la route actuelle, en aval, endroit d'où l'on voit le mieux l'arche de pierre, celle-ci évoque un ventre de mammouth tourné vers la gauche, avec la bosse de la tête bien définie, la ligne de dos et même la patte avant gauche. C'est parfaitement exact, ce qui ne signifie pas que nous puissions avoir la certitude que les Aurignaciens lui avaient donné cette interprétation d'un animal particulier figé dans la pierre.

Le pont d'Arc vu depuis l'aval. Sa forme générale évoque bien un animal figé dans la pierre, peut-être un mammouth, l'arche étant celle du ventre.

En effet, si nous ne connaîtrons jamais, à l'évidence, les interprétations préhistoriques précises du pont d'Arc, nous pouvons en revanche affirmer qu'il y en eut. Partout dans le monde, les phénomènes géologiques spectaculaires et exceptionnels ont toujours donné lieu, chez les peuples traditionnels dépourvus de tradition scientifique, à ce que nous appelons des "légendes", c'est-à-dire des histoires mythiques, invraisemblables pour ceux qui ne les partagent pas mais d'une importance vitale pour les groupes humains qui y croient.

Considérés sous cet angle, le pont d'Arc et la grotte Chauvet-Pont d'Arc sa voisine furent vraisemblablement liés de manière indissoluble dans les croyances et les pratiques magico-religieuses des hommes du Paléolithique.

Une aventure humaine et scientifique

L'aventure continue...

Toute grande découverte est une aventure, d'abord celle des découvreurs, puis celle des chercheurs confrontés à un ensemble de faits nouveaux et parfois surprenants. Celle de la grotte Chauvet-Pont d'Arc devrait durer encore longtemps.

Le 28 décembre 1994 dans la matinée, Jean-Pierre Daugas, depuis peu conservateur régional de l'Archéologie pour Rhône-Alpes, me téléphone : il vient d'être avisé de la découverte d'une grotte ornée à Vallon-Pont-d'Arc par Jean-Marie Chauvet, récemment engagé comme gardien des grottes par son service. D'après Chauvet, elle est extraordinaire, avec entre autres des dizaines d'images de rhinocéros. Je suis sceptique. Pour toute l'Europe préhistorique, on connaît peut-être une vingtaine d'images de cet animal... Mais Chauvet, me dit-il, est sérieux et connaît son affaire. Il faut que je vienne immédiatement faire l'expertise, malgré l'incommodité de la date. Je me résous donc à y aller le jour même. Le lendemain, dans la froidure du petit matin, avec les découvreurs, Jean-Pierre Daugas et son adjoint Bernard Gély, nous montons à cette grotte, au pied d'une falaise presque en face de la barre rocheuse du pont d'Arc.

La grotte Chauvet-Pont d'Arc est très concrétionnée. Ici, de fines draperies partiellement teintées dans la salle du Cierge.

Pour accéder à l'intérieur de la caverne, nous nous équipons en tenue de spéléo et nous pénétrons dans une toute petite cavité par une sorte de lucarne à 1,50 mètre du sol. Le petit couloir se termine vite sur un éboulis. Chauvet et ses deux amis, Éliette Brunel-Deschamps et Christian Hillaire, enlèvent un amoncellement de pierres qui barre le très étroit passage. Ils les avaient replacées par sécurité pour éviter des visites incontrôlées. Il faut ramper dans une

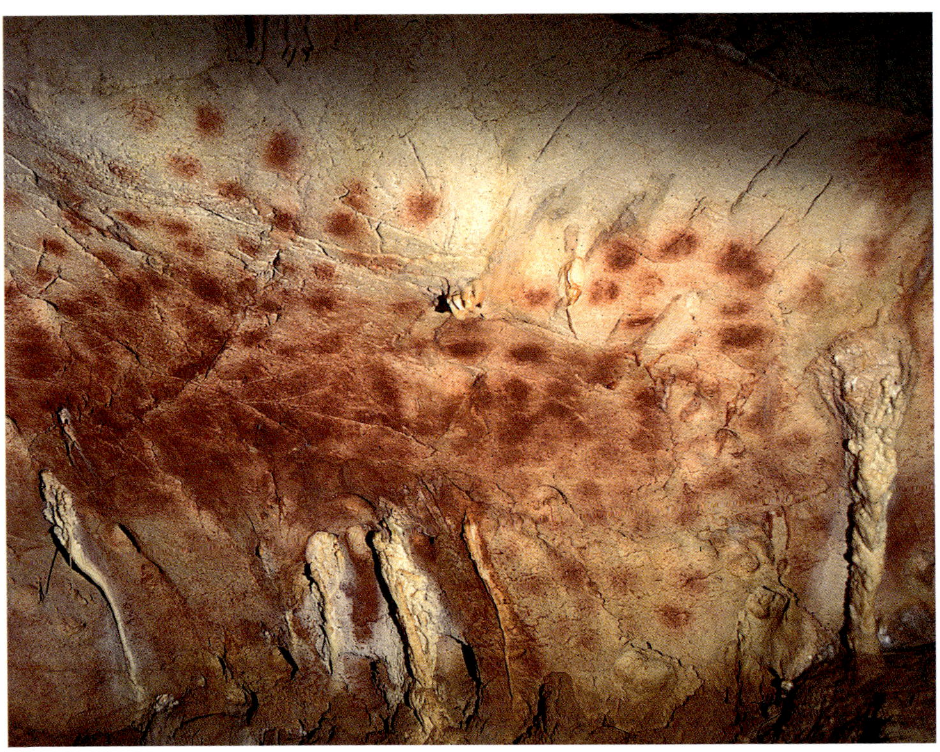

"chatière" descendante, longue et étroite, où l'on coince de tous côtés. Elle donne sur un puits naturel de 8 mètres qui s'ouvre dans la voûte de la première salle. Expérience éprouvante, que n'ont pas connue les hommes préhistoriques dont ce n'était pas l'entrée. Une fois dans la salle, on distingue parfaitement le départ de l'accès naturel, colmaté par un ancien éboulement de la falaise.

Chauvet avait raison. La grotte est un émerveillement, les peintures sont authentiques et il y a bien des rhinocéros représentés par dizaines, entre autres, car les images animales se comptent par centaines. Cette caverne, en outre, est belle, avec la blancheur de ses nombreuses concrétions scintillant sous nos lampes. Les sols sont jonchés d'ossements d'ours des cavernes. Ce premier jour, nous y resterons près de six heures, allant d'une découverte à une autre et ne voyant pas le temps passer, avant de réaffronter la redoutable chatière. Ce fut pour moi le début de l'aventure.

Elle aurait commencé en fait plusieurs mois auparavant. Un faible courant d'air ayant été décelé entre les pierres bouchant l'entrée du boyau, un petit groupe de spéléologues sous la direction de Michel Rosa (dit Baba) entreprit une désobstruction à l'été 1994. Ils furent arrêtés par un fort concrétionnement qui empêchait le passage, remettant sa destruction à une expédition ultérieure. La cavité fut alors connue des spéléologues locaux sous le nom de "Trou de Baba". Des mois plus tard, le 18 décembre 1994, Jean-Marie Chauvet décida de poursuivre. Après avoir fait sauter l'obstacle, il pénétra dans la grotte à la suite d'Éliette, la plus mince… Avec la fille de cette dernière et Christian, ils en explorèrent ce jour-là une grande partie. Ils réservèrent la fin de l'exploration à la semaine suivante, où les accompagnèrent trois amis spéléologues: Daniel André, Michel Chabaud et Jean-Louis Payan. Ils découvrirent alors ce que nous appelâmes plus tard le couloir des Mégacéros et la salle du Fond.

La découverte fut solennellement annoncée par le ministre de la Culture de l'époque, Jacques Toubon, lors d'une conférence de presse euphorique le 18 janvier 1995, déclenchant un enthousiasme médiatique et populaire. Des appétits de toutes sortes se firent également jour, hélas, et des procès interminables se succédèrent. La presse s'en fit l'écho et il n'est nul besoin d'y revenir.

Dès l'automne 1995, le ministère de la Culture lança un appel d'offres scientifique pour sélectionner une équipe de chercheurs qui étudierait la grotte selon une problématique bien définie et avec des moyens convenables. Au printemps 1996, un jury international choisit celle formée et dirigée par Jean Clottes. L'équipe débuta ses travaux en 1998. Depuis 2002, elle est placée sous la direction de Jean-Michel Geneste.

L'entrée actuelle et l'accès aménagé qui conduit à la grotte Chauvet-Pont d'Arc au flanc de sa falaise.

Le premier panneau que l'on voit en entrant dans la première salle (salle Brunel), avec de nombreuses ponctuations rouges faites en appliquant sur la paroi la paume de la main couverte de peinture.

Les principes qui présidèrent à sa constitution et à son fonctionnement sont simples. En premier lieu, l'étude ne devait en aucun cas être vulnérante, c'est dire que les nécessités des recherches passaient après celles de la conservation, non seulement pour ce qui est des peintures, mais également et peut-être surtout pour les sols. En second lieu, la grotte devait être étudiée sous tous ses aspects, ce qui impliquait une équipe et des recherches collectives multidisciplinaires. Le troisième principe fondamental était la mise à la disposition des scientifiques et du public des connaissances acquises. Au cours des dix-huit années écoulées, ces principes ont été rigoureusement mis en œuvre.

L'entrée a été agrandie et protégée par une porte blindée. L'accès extérieur a été aménagé en respectant l'environnement. Une surveillance électronique sophistiquée est en place, vingt-quatre heures sur vingt-quatre. Aucune intrusion n'a donc pu avoir lieu et la grotte est bien protégée. Depuis quelques années, les conditions d'accès ont été sévèrement réduites et contingentées, en raison des hautes teneurs habituelles de l'atmosphère souterraine en gaz carbonique et en radon.

Excentriques et fistuleuses.

Les sols sont protégés par des passerelles pour la circulation et le travail dans la grotte.

Marc Azéma en train de procéder à un relevé devant la paroi ornée.

Remontée à l'échelle pour sortir de la grotte.

L'étude scientifique

Les études menées depuis 1998 ont porté et portent toujours sur l'art pariétal, les autres activités humaines (feux et objets abandonnés, empreintes, traces d'actions sur les parois et les sols) et animales (empreintes, griffades, ossements), le climat de la cavité, l'étude géologique de l'évolution des sols et du colmatage de l'entrée. Leur but est de comprendre ce qui s'est passé dans la grotte, grâce à l'apport de différentes disciplines dont nous croisons les résultats, comme pour les datations.

Pour étudier l'art, nous faisons une couverture photographique des panneaux à relever. Sur les photographies tirées sur papier, nous plaçons un calque. Devant les peintures, parfois à distance pour ne pas abîmer les sols meubles, nous portons non seulement les traits gravés ou peints, mais également les traces des attouchements humains ou des griffades animales présents sur les parois. Le relevé n'est pas une simple restitution ou une copie : c'est une étude en profondeur de la paroi et de son histoire.

LES DATATIONS

Pendant longtemps, les archéologues se sont basés sur le style des vestiges ou des traces. Cette méthode empirique est loin d'avoir été abandonnée, mais il faut l'ajuster en fonction des résultats d'autres disciplines.

L'avancée majeure fut la datation par le radiocarbone. Son principe est que le carbone 14 de tout corps vivant, lorsque celui-ci meurt, perd la moitié de sa masse atomique en cinq mille sept cent trente ans. Le calcul de la teneur restante permet d'évaluer le temps écoulé depuis la mort. La méthode ne fonctionne donc que sur des matières organiques, charbons ou os. Or, on s'est aperçu que les dates étaient systématiquement trop récentes. Des croisements avec d'autres types d'analyses ont permis d'établir une courbe de calibration qui donne des dates plus précises, même s'il s'agit toujours d'une méthode statistique affectée d'une marge d'erreur.

Dans la grotte Chauvet-Pont d'Arc, plus de quatre-vingts dates ont été obtenues sur des charbons au sol, sur des frottis de torches et sur des dessins au charbon. Deux groupes principaux de dates ont donné : autour de 35 500 ± 1 000 (dates calibrées avant le présent = cal. BP) pour le plus ancien et entre 30 000 et 31 000 cal. BP pour le second.

Ces dates ont été acceptées par la communauté scientifique, à quelques traditionalistes près, car elles sont nombreuses, concordantes et confirmées par d'autres recherches : les géologues ont établi que l'entrée avait été complètement bouchée par la chute de la falaise il y a vingt et un mille cinq cents ans, interdisant l'accès à la grotte. Autre résultat : les études sur les ours des cavernes (datations des os, étude du génome) ont montré qu'ils avaient disparu dans la région peu de temps après les passages humains.

Charbons de bois (pin sylvestre et pin noir) sur le sol (couloir des Mégacéros). Des feux ont été faits pour obtenir des charbons qui servirent à faire les dessins.

Cerf mégacéros à la bosse caractéristique. Une datation au radiocarbone a donné 31 350 ± 620 BP, soit entre 34 808 et 36 185 BP calibré.

Plusieurs dizaines de ponctuations rouges dans la salle Brunel non loin de l'entrée.

Les ouvrages disponibles

Après l'ouvrage initial signé des trois principaux découvreurs – La Grotte Chauvet à Vallon-Pont-d'Arc, *J.-M. Chauvet, É. Brunel-Deschamps et C. Hillaire, Seuil, Paris, 1995, postface de J. Clottes –, paru juste après la découverte, un gros ouvrage collectif, réédité en 2010, concrétisa les premières années des recherches –* La Grotte Chauvet : l'art des origines, *J. Clottes (dir.), Seuil, Paris, 2001. Il fut aussi publié en anglais. Quelques années plus tard, un nouvel ouvrage de l'équipe présenta les avancées acquises –* La Grotte Chauvet : un bilan des recherches pluridisciplinaires, *J.-M. Geneste (dir.), actes des journées SPF, Lyon, octobre 2003, Bulletin de la Société préhistorique française, n° 102-1, 2005. Deux autres livres ont porté sur l'étude des animaux les plus représentés :* Les Félins de la grotte Chauvet *(J. Clottes et M. Azéma, Seuil, Paris, 2005) ;* Les Mammouths de la grotte Chauvet *(B. Gély et M. Azéma, Seuil, Paris, 2005). En 2014, trois autres ouvrages ont paru :* La Découverte de la grotte Chauvet-Pont d'Arc, *É. Brunel, J.-M. Chauvet et C. Hillaire, Synops ;* La Grotte Chauvet, *D. Baffier, Ouest France ;* Chauvet-Pont d'Arc, le premier chef-d'œuvre de l'humanité, *P. Lima, Synops.*

Après les premières années et des études du climat souterrain par le laboratoire CNRS de Moulis pour savoir ce que l'on pouvait (ou non) réaliser sans modifier l'essentiel des conditions climatiques existantes, la chatière a été agrandie et l'on franchit dorénavant ce passage à quatre pattes, avant de descendre dans la grotte par une échelle confortable.

L'équipe, d'une cinquantaine de spécialistes, s'est étoffée au fur et à mesure des besoins, mais quatre de nos collègues et amis (Philippe Morel, François Rouzaud, Michel Garcia et Norbert Aujoulat) ont prématurément disparu. L'ensemble comprend des spécialistes qui interviennent en fonction des besoins et des possibilités d'accès. Ils couvrent de multiples champs de recherche. Les pariétalistes s'attachent à l'étude des dessins (couverture photographique, relevés sur place, travail sur ordinateur) et les paléontologues à celles des ossements d'animaux présents sur les sols, ainsi qu'aux traces de leurs activités, comme nous allons le voir pour les ours. La topographie détaillée du site a été établie par des archéologues spécialisés dans le milieu souterrain. Ils ont également procédé à quelques sondages qui ont révélé plusieurs passages humains jusque-là ignorés, toujours dans le cadre de l'Aurignacien. Les géologues étudient l'évolution de la cavité dans son contexte naturel. Ils arrivent ainsi à préciser, dans divers cas, ce qui est dû à l'action humaine ou non. Ils ont pu entre autres déterminer les diverses phases de fermeture de la caverne par des éboulements de la falaise. Les spécialistes des datations ont fixé le cadre chronologique des présences humaines. Les caractéristiques propres à cette caverne protégée et exceptionnelle ont également permis des études que l'on n'envisageait pas aux tout débuts : par exemple, le génome de l'ours des cavernes a pu être déchiffré pour la première fois. Un système d'information géographique (SIG), depuis quelques années, a été constitué. Il rassemble la totalité des données et des informations scientifiques établies par les chercheurs, ce qui est particulièrement utile pour les membres de l'équipe. C'est ainsi que, au fil des ans, la recherche s'est étoffée, tout en restant collective et a parfois pris des chemins et utilisé des techniques que l'on n'aurait pas imaginés à nos débuts. Petit à petit, elle dévoile l'évolution de la grotte et les activités des humains et des animaux qui l'ont parcourue à diverses époques.

Même si les résultats ont été à la mesure des efforts accomplis, parfois dans des directions imprévues (par exemple, décryptage du génome de l'ours des cavernes), et que les publications ont suivi (quatre ouvrages, des dizaines d'articles), beaucoup reste encore à faire et l'aventure scientifique est loin d'être terminée.

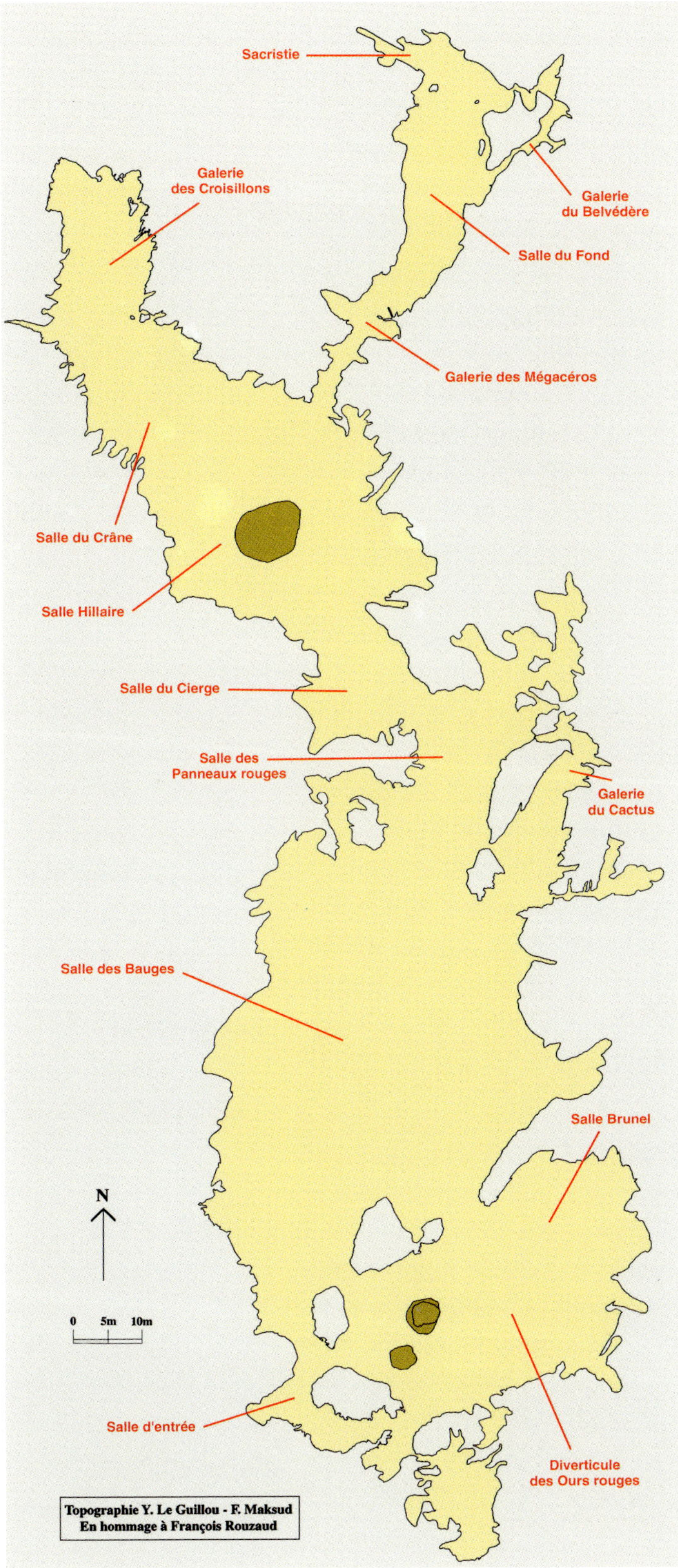

Le public

Dès l'annonce de la découverte, la grotte Chauvet-Pont d'Arc a suscité un immense intérêt dans le public et pas seulement parmi les spécialistes! La qualité esthétique des dessins, leur relative étrangeté (des lions et des rhinocéros, des mammouths et des ours des cavernes) et, surtout, leur très grande ancienneté ont stimulé les imaginations et éveillé la curiosité de chacun. Il a fallu répondre à cet intérêt. C'est pourquoi, après le premier livre des découvreurs, auquel nous avons largement collaboré et qui a été publié quelques mois après la découverte, nous nous sommes attachés à publier nos recherches, par des ouvrages et des articles, dans des revues, pour tous types de public. Nous avons également donné de très nombreuses conférences et continuons à le faire, en France et à l'étranger. Pour répondre aux constantes sollicitations, nous avons fourni quantité de photographies à des collègues pour leurs propres publications. Le summum a été atteint avec la préparation de l'espace de restitution, appelé maintenant la "Caverne du Pont d'Arc", auquel nous avons constamment collaboré.

LES OURS

Les plus anciens habitants de la grotte Chauvet-Pont d'Arc

Dès l'entrée de ce vaste ensemble souterrain, l'on ne peut manquer d'être frappé par les os qui jonchent les sols. Les ours des cavernes sont partout dans la grotte. Leurs ossements sont souvent éparpillés, parfois amoncelés, qu'ils aient été déplacés par les ours eux-mêmes au cours de leurs va-et-vient ou balayés par des arrivées d'eau. Certains squelettes sont relativement bien conservés, avec des colonnes vertébrales en connexion anatomique. En tout, on a pu observer des dizaines de crânes. Actuellement, les paléontologues de l'équipe ont dénombré au minimum cent quatre-vingt-quinze individus.

Les ours ont laissé des quantités de bauges, souvent marquées par les traces de leurs griffes ou de leur fourrure. C'étaient les endroits où ils hibernaient. Sur les sols meubles se voient de véritables pistes, avec des empreintes remarquablement nettes. Les passages des ours, qui se frottaient contre la roche, ont laissé des zones luisantes, appelées "polis d'ours", sur les parois. Celles-ci sont constellées de griffades, souvent surchargées par des peintures et des gravures. Dans certains cas (deux grands lions de la salle du Fond, panneau du bœuf musqué), c'est l'inverse : les ours ont griffé des peintures. Les hommes préhistoriques sont donc venus après les ours, mais ceux-ci ont continué à fréquenter la grotte, au moins

Griffades d'ours des cavernes sur un sol argileux dans la salle du Fond.

Sol d'origine où se voient des empreintes et des bauges (les creux) d'ours des cavernes.

Amoncellement de crânes et d'ossements d'ours des cavernes dans la salle Hillaire.

Page suivante
Ours rouges peints au fond d'un diverticule dans la première partie de la grotte.

après certains des passages humains. Les datations au radiocarbone d'ossements d'ours ont confirmé ces observations. D'après des études récentes, les ours des cavernes se seraient éteints dans la région il y a environ vingt-cinq mille ans.

Les Aurignaciens et Gravettiens qui se rendirent dans la caverne n'ont pas manqué d'être frappés par les traces et les vestiges des ours. Ils ont dessiné un certain nombre de ces animaux. D'autre part, un crâne d'ours a été déposé sur une grosse pierre au centre d'une salle et de nombreux autres le furent aux alentours. Un petit feu daté d'environ trente-six mille ans a été fait à la surface de la pierre avant le dépôt du crâne. Dans la première salle de la grotte, deux humérus d'ours ont été plantés dans le sol, chacun près d'un crâne.

Ces faits exceptionnels posent le problème de la relation des hommes avec les plantigrades. Cette "grotte à ours" a pu – a dû... – être ressentie comme empreinte de la puissance de l'ours des cavernes, omniprésent par ses empreintes, ses ossements et ses griffades, et peut-être même son odeur. Il est possible que ce sentiment ait joué un rôle dans le choix des thèmes (l'ours a été souvent représenté) et des cérémonies.

p. 34-35
La grotte est souvent concrétionnée et les sols peuvent être jonchés d'ossements d'ours des cavernes.

p. 36
Ours rouge peint à 4 mètres de hauteur dans la galerie du Cactus.

p. 37
Panneau de la Panthère au fond de la salle des Bauges, avec plusieurs animaux peints en rouge ; sur la paroi droite de la niche des Chevaux, un aurochs noir à la course devant un félin vertical aux pattes d'ongulé.

p. 38-39
Paroi gauche de la niche des Chevaux. Le petit trou en bas à droite laisse exceptionnellement couler de l'eau après de très fortes et longues pluies.

p. 40
Quatre têtes de cheval, au-dessus d'un petit rhinocéros, et deux rhinocéros affrontés ; fond de la niche des Chevaux, avec des chevaux et un couple de lions, le mâle reniflant l'arrière-train de la femelle accroupie qui montre les dents.

p. 41
Aurochs devant des chevaux dans la partie antérieure gauche de la niche des Chevaux. Noter qu'au-dessus du panneau des gravures plus anciennes (dont celle d'un rhinocéros) ont été en grande partie raclées et effacées.

p. 42-43
Partie gauche du grand panneau de la salle du Fond, avec détail d'un des rhinocéros : les contours ont été détourés pour leur donner du relief et le pigment à l'intérieur du corps a été étalé par le procédé de l'estompe.

p. 44
Petit mammouth superposé à deux autres contours de mammouths, sur la paroi droite de la niche centrale du grand panneau de la salle du Fond.

p. 45
Groupe de rhinocéros rendu en perspective ; cheval représenté dans la partie droite de la niche centrale.

p. 46-47
Lions en chasse suivant des bisons dans la salle du Fond.

p. 48
À droite du panneau des Chevaux, renne (dont la patte antérieure a été en partie effacée par l'un des visiteurs préhistoriques) paraissant courir ; tout au fond de la caverne, une petite salle retirée (appelée la "Sacristie") comprend quelques images, comme ici un grand lion tourné vers la droite au-dessus de deux chevaux.

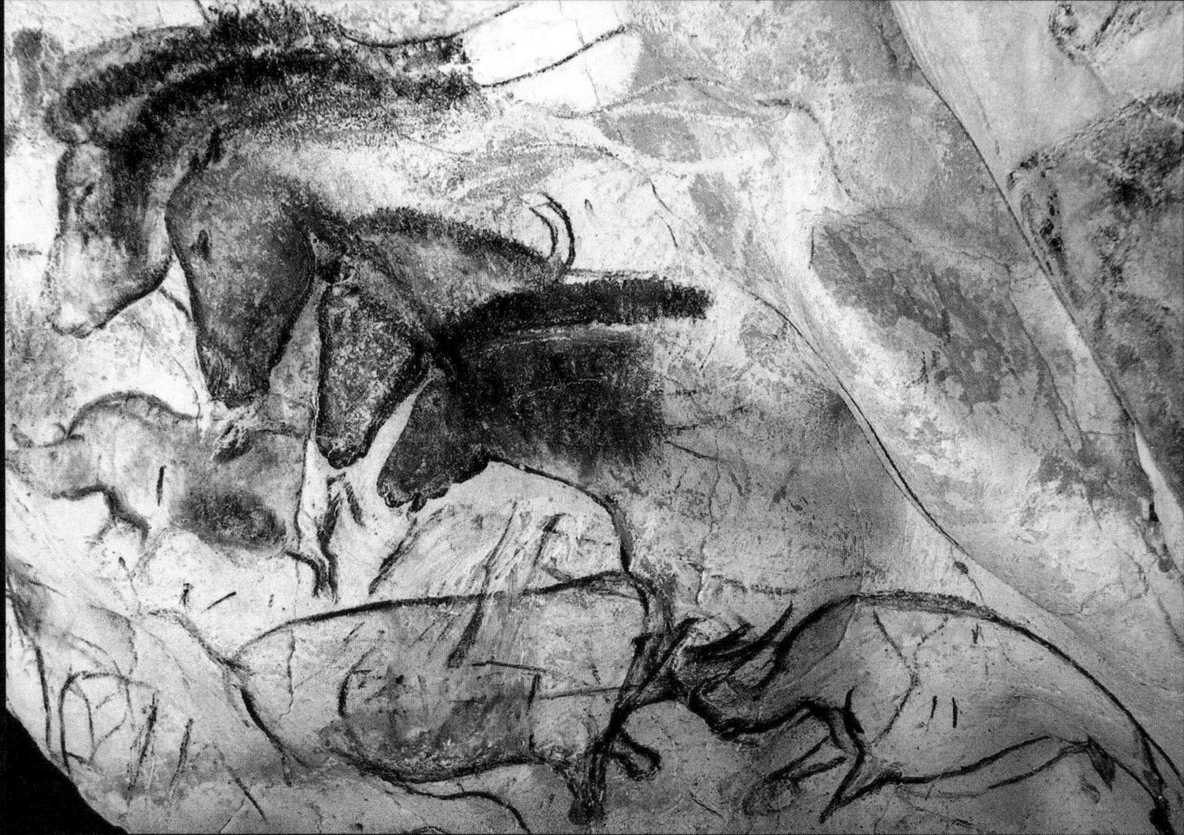

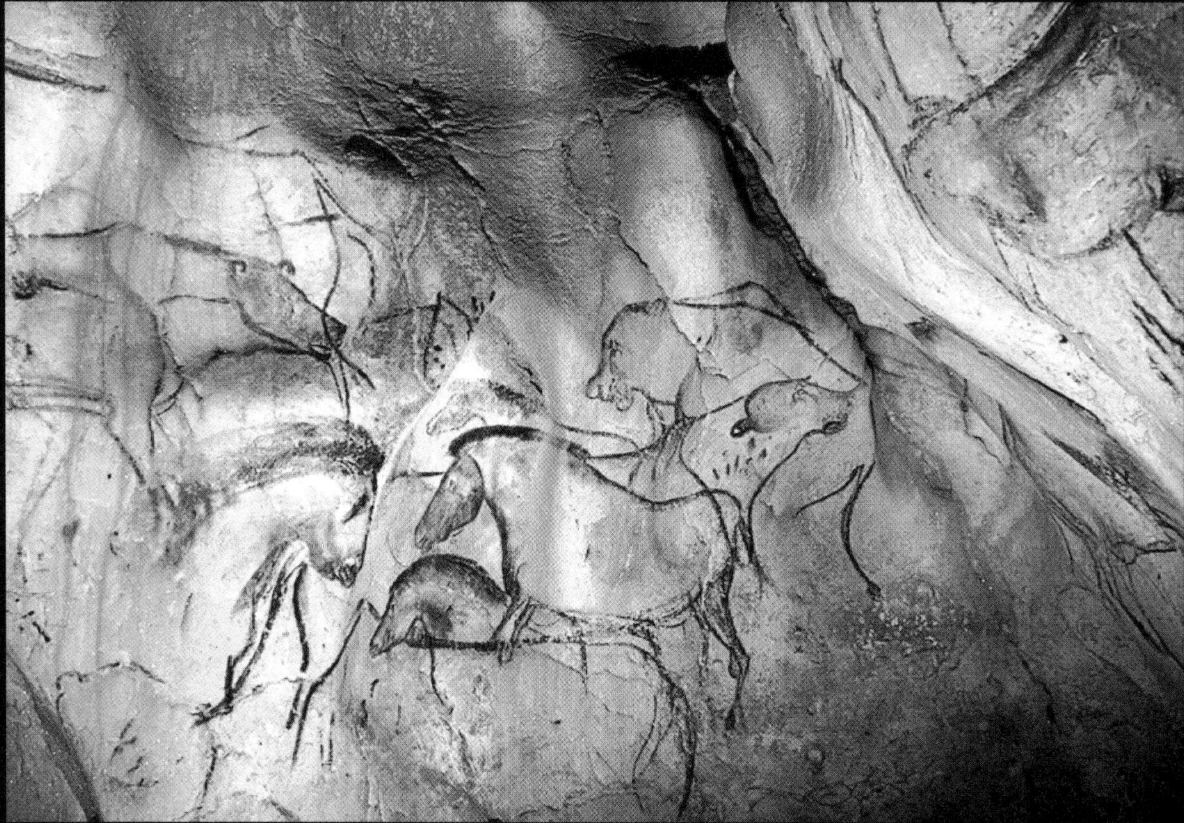

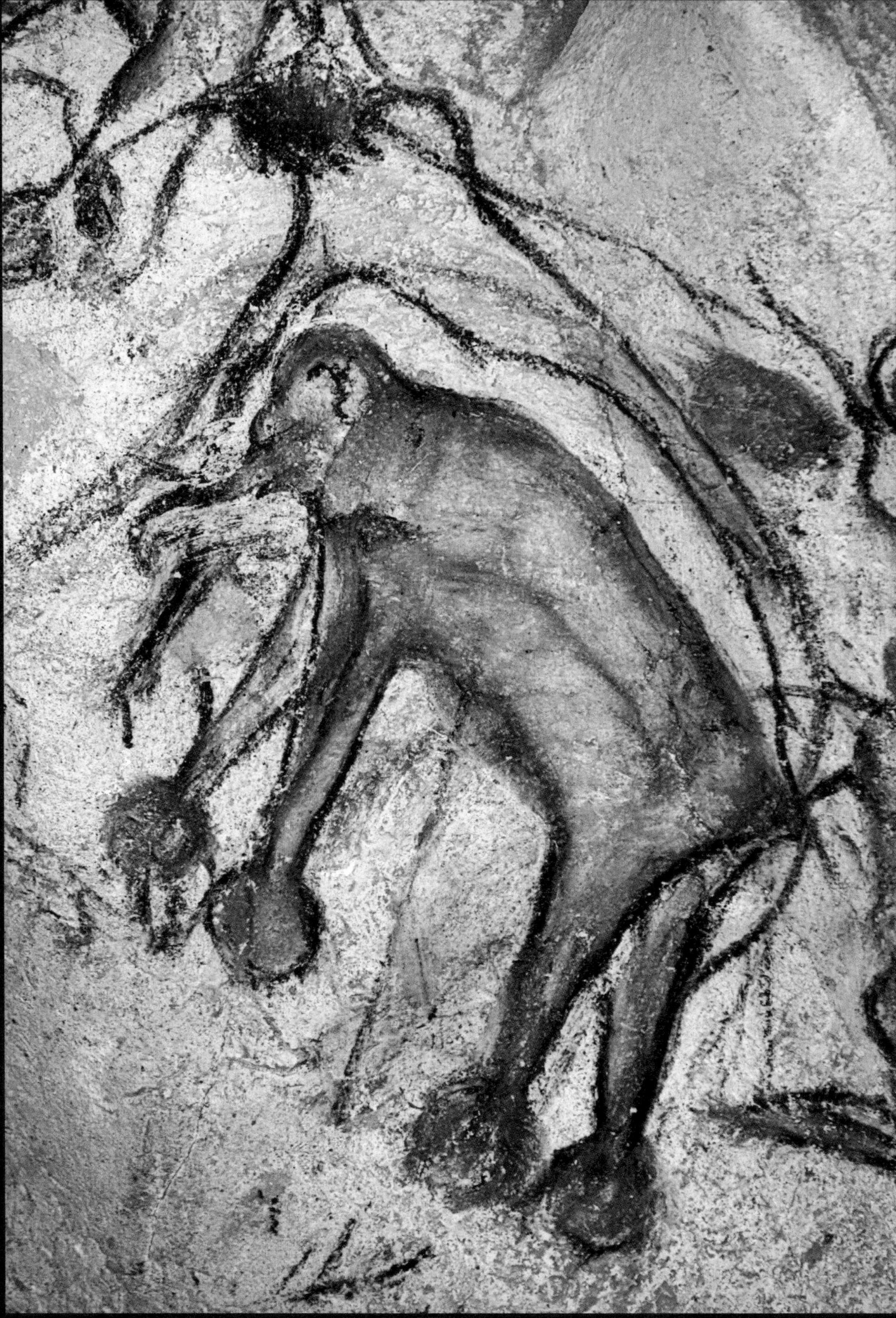

Un art exceptionnel

Des animaux, des signes, des techniques

L'art de la grotte Chauvet-Pont d'Arc est l'un des plus anciens connus, l'un des plus spectaculaires et l'un des plus variés pour ce qui concerne les animaux représentés. Cet art d'une très grande maîtrise nous touche toujours.

Aurignaciens et Gravettiens sont allés au plus profond de la caverne. Partout on observe leurs traces : charbons au sol, dessins ou frottis de torches sur les parois, empreintes lorsque le sol meuble l'a permis. Peintures et gravures n'ont cependant pas une répartition constante ou aléatoire. Des choix de lieux ont été faits. On pressent certaines de leurs motivations et nous y reviendrons dans le prochain chapitre, mais le plus souvent celles-ci nous échappent.

Deux constatations majeures sont à retenir. D'abord, la grotte, du point de vue de l'art, comprend deux grandes parties. La première, la plus étendue, va de l'entrée préhistorique jusqu'à un rétrécissement qui se franchit à quatre pattes et donne dans une salle assez ample (salle du Cierge) où ne se trouvent pourtant que deux gravures. Dans cette première partie, les œuvres, en très grande majorité, sont rouges et les dessins noirs ou gravés restent rares. C'est l'inverse qui se passe après avoir traversé la salle du Cierge et débouché dans la grande salle Hillaire, suivie de celle du Crâne. Dans toutes ces zones profondes, selon les lieux, les dessins noirs ou les gravures dominent. Cela pose le problème de la valeur relative des techniques en fonction des lieux.

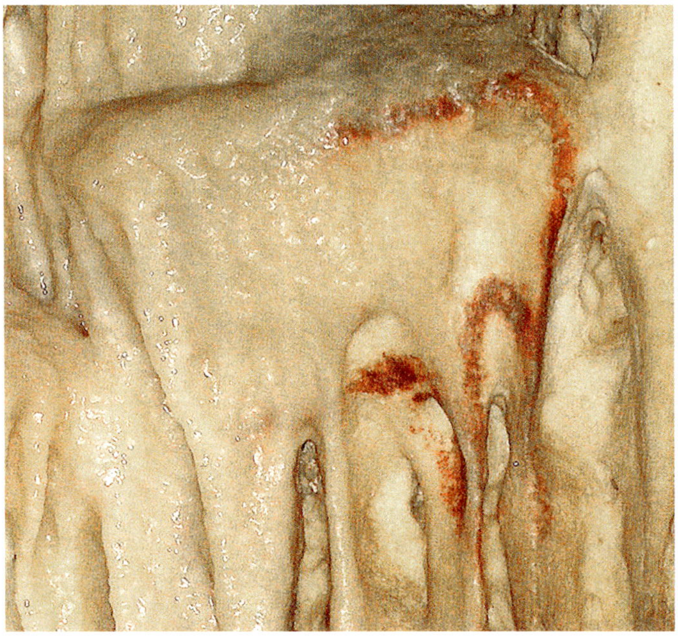

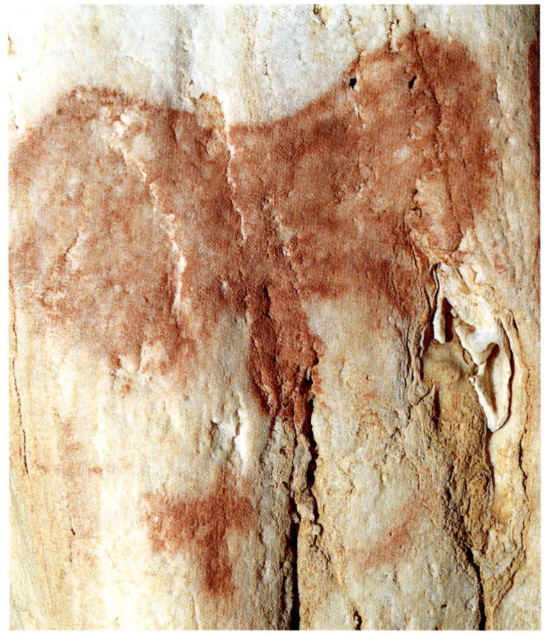

Seconde constatation : si certains dessins furent réalisés au fond de diverticules ou dispersés sur certaines parois et sur des pendants rocheux, le visiteur est surtout frappé par les grands panneaux où les œuvres s'accumulèrent, sans que l'on sache si ce processus fut rapide ou étalé dans le temps. Dans la salle Brunel, non loin de l'entrée, des centaines de paumes enduites de peinture rouge furent appliquées sur la paroi, alors que l'immense salle des Bauges, voisine, aux parois attrayantes, bien conservées et commodes d'accès, n'a pas été utilisée, si ce n'est discrètement à son extrémité profonde.

Après la salle des Bauges, toujours dans cette première partie de la caverne, deux panneaux complexes de peintures rouges auraient suffi à assurer la renommée de la grotte : celui de la Panthère des neiges, représentation exceptionnelle, où cet animal voisine avec des bouquetins, un ours et peut-être une hyène tachetée – que certains interprètent comme un ours maigre au sortir de la période d'hibernation ; celui dit des Mains positives, avec cinq mains entières et deux négatives, huit lions (un entier et sept têtes), six rhinocéros, un cheval et un mammouth, outre divers signes géométriques (signes en W et points rouges).

Petit mammouth au pied de l'accès actuel. Seul l'avant-train a été peint en rouge (tête et amorce du dos, trompe, patte avant, ventre). Tout le reste du corps est fait de contours naturels.

Salles Rouges. Pendant rocheux avec deux signes "en papillon" et deux traits rouges.

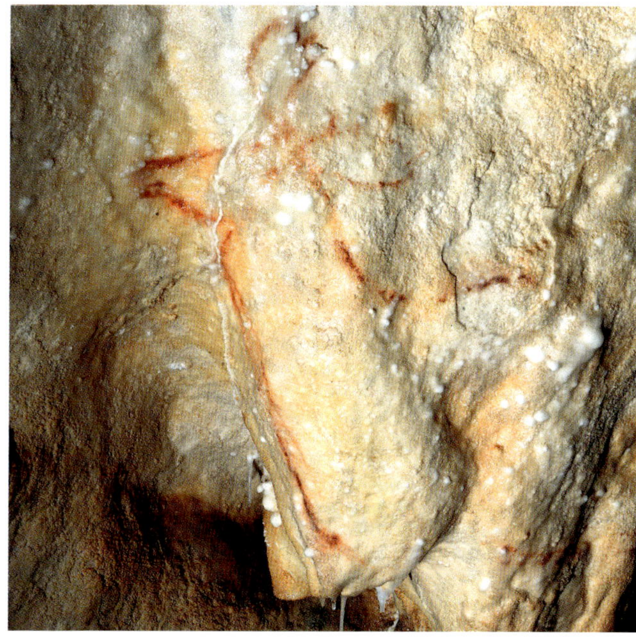

Dans la seconde partie de la caverne, on fait des constatations du même ordre. Des images plus ou moins visibles au revers d'un pendant, ou isolées, voire se succédant çà et là (galerie du Mégacéros), contrastent avec les accumulations sur ce que nous appelons des panneaux. La paroi gauche de la salle Hillaire, près du grand effondrement, est ainsi entièrement gravée de rhinocéros, aurochs, ours, bouquetins, chevaux, bisons et mammouths. Un peu plus loin, l'ensemble des Chevaux, qui se déploie autour d'une niche profonde, est l'une des merveilles de la grotte. Des gravures un peu plus anciennes, présentant les mêmes conventions de dessin, furent effacées avant de dessiner les chevaux, rhinocéros, aurochs, bisons, lions, cerfs et rennes qui en ont fait la renommée.

Salle Brunel. Deux petits chevaux jaunes et un rouge, points et traits rouges.

Avant-train du grand cerf mégacéros rouge proche de l'entrée du diverticule des Ours rouges.

L'autre grande merveille est le panneau des Lions de la salle du Fond. Sa structure est assez comparable, avec deux grands volets de dessins spectaculaires déployés de part et d'autre d'une niche centrale. D'un côté, à gauche, ce sont de grands lions et un renne, puis un ensemble, unique dans l'art pariétal, de dix-huit rhinocéros ; de l'autre côté, à droite de la niche, après un petit mammouth et un bison qui en occupent la lèvre extérieure

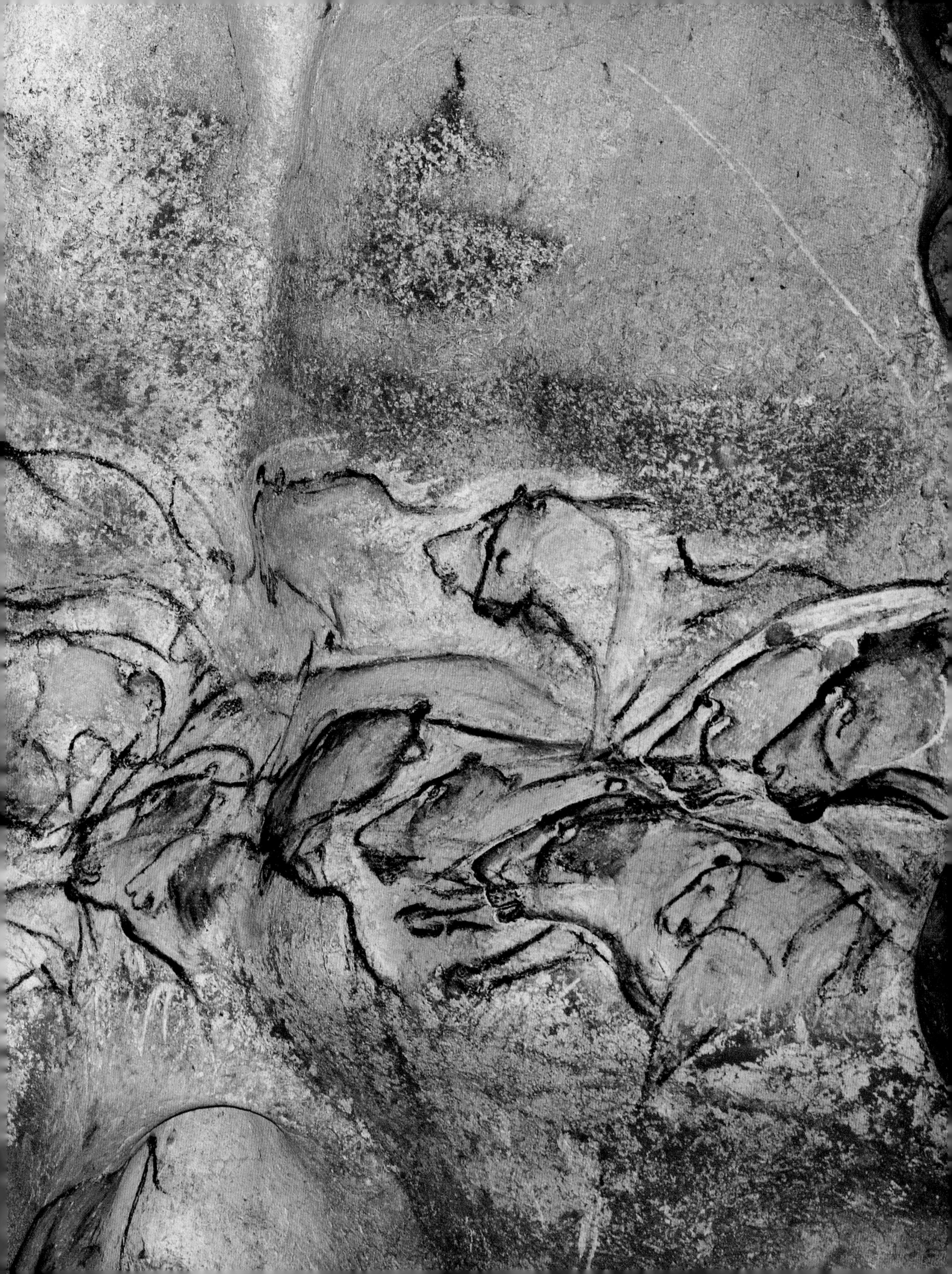

Empreintes humaines et animales

La présence d'empreintes sur les sols dépend de deux facteurs: la plasticité et la conservation du support. La grotte Chauvet-Pont d'Arc est relativement favorisée, en ce sens que les empreintes d'ours, parfois de véritables pistes, y abondent. Au fond de la salle d'entrée, qui servit de tanière à des loups, les sols sont piétinés. Tout au fond de la grotte, étrangement, se trouvent quelques empreintes de bouquetins. Ces traces ont été étudiées par Michel Garcia. Les empreintes humaines, quelques dizaines seulement dans la galerie des Croisillons, appartiennent toutes à un jeune, préadolescent, sans doute un garçon qui mesurerait environ 1,30 mètre et serait venu dans la caverne lors de la seconde période de sa fréquentation. Dans les mêmes zones profondes, le spécialiste a relevé les empreintes d'un canidé qui se rapprochent davantage de celles d'un chien que d'un loup. Alors, un enfant accompagné d'un chien? La question reste posée.

Double page précédente
Salle du Fond. Des lions chassent des bisons; en partie gauche, petit mammouth superposé à deux autres contours de mammouths.

Empreintes de canidé (chien ou loup?) dans la salle du Crâne.

ornée sur sa crête de quatre têtes de bison, une scène extraordinaire réunit un groupe de quatorze lions, mâles et femelles, qui chassent des bisons.

Selon le mot de David Lewis-Williams, toute partition de musique comporte des silences. Ici, les silences sont les zones dépourvues de toute représentation. La plus évidente est la salle des Bauges en raison de son ampleur, mais on peut faire des constatations du même ordre, à moindre échelle, dans la salle du Cierge, sur la première partie de la paroi droite dans la salle du Fond, ou encore sur la longue paroi gauche de la salle Hillaire, perpendiculaire aux panneaux gravés.

Les techniques sont connues par les observations et les analyses. Les plus utilisées dans la grotte sont la gravure, le dessin et la peinture. Il s'y ajoute d'assez fréquentes préparations de la paroi, lorsque la surface a été raclée sur une superficie plus ou moins grande pour la régulariser ou pour effacer des images antérieures ou des griffures animales.

Non loin du pendant aux signes, sur la paroi droite de la salle, autre signe "en papillon" et insecte ou signe rouges.

Les surfaces, parfois corrodées et molles, ont à l'occasion été gravées au doigt ou avec un outil quelconque, silex ou bout de bois, en fonction de la dureté du support. Les gravures ressortaient en blanc sur le fond

Ligne du haut, de gauche à droite
Salles Rouges. Panneau de peintures rouges avec mains positives et main négative, lions (entier et têtes), mammouth et points.

Salles Rouges. Signe en W, rhinocéros et mains positives.

Salles Rouges. Deux mains négatives rouges et deux figures noires (mammouth et cheval).

Ligne du bas, de gauche à droite
Salles Rouges. Bandeau avec quatre rhinocéros se suivant.

Salle Hillaire. Cheval gravé.

Salle Hillaire. Hibou et mammouth gravés. Relevé M. Azéma et J. Clottes.

naturellement coloré de la paroi. Malgré le passage du temps, elles sont en général bien conservées.

Les images rouges (ou jaunes pour deux minuscules têtes de chevaux) sont de véritables peintures. Le pigment, un oxyde de fer (hématite pour les rouges), fut mêlé à un liant, sans doute de l'eau, pour apporter la fluidité voulue, et appliqué avec un pinceau. Dans le cas des mains positives et des grosses ponctuations, la main entière couverte de peinture ou la paume seule fut appliquée contre la roche pour y laisser son empreinte. Les mains négatives, à l'inverse, furent réalisées par la technique du pochoir, la main étant plaquée contre la paroi et la peinture fluide projetée sur elle par la bouche, ce qui crée une auréole autour du spectre de la main.

Les images noires ont pour la plupart été faites au fusain, avec un charbon de bois, plus rarement avec du charbon broyé dans de l'eau. Les analyses ont montré qu'il s'agissait toujours de pin (pin sylvestre ou pin noir), comme pour les torches dont ils s'éclairaient. D'ailleurs, des extrémités de torches ont servi pour certains dessins. On le sait car, lorsque le

Salle du Crâne. Bouquetins gravés.

Salle du Crâne. Grands mammouths raclés sur la paroi droite.

charbon au bout de la torche s'est épuisé, le dessin a été complété à l'aide du bois restant et est ainsi devenu une gravure (galerie des Mégacéros).

Ce n'est là que l'un des exemples de la complexité des techniques utilisées. Il en est bien d'autres. Par exemple, nombre d'animaux ont été détourés par raclage, ce qui accentue le contraste du dessin et de la surface environnante. Autre exemple : à l'intérieur des têtes et des corps, le pigment fut étalé à la main pour leur apporter un savant modelé par la technique de l'estompe. La maîtrise de nombreuses œuvres, admirables, témoigne de dons égaux à ceux des artistes de tous les temps et d'un savoir-faire qui sous-entend un long apprentissage et un enseignement.

Il en va de même des sujets représentés. Cet art s'inscrit dans une tradition et témoigne des croyances collectives du temps et des lieux. On le sait par comparaison avec ce qui se fit ailleurs, à cette époque (grande grotte d'Arcy-sur-Cure en Bourgogne) ou dans les millénaires qui suivirent. Comme dans tout l'art des cavernes, les thèmes sont surtout animaliers, les symboles géométriques sont présents et les humains très rares et peu détaillés.

Panneau des Chevaux.

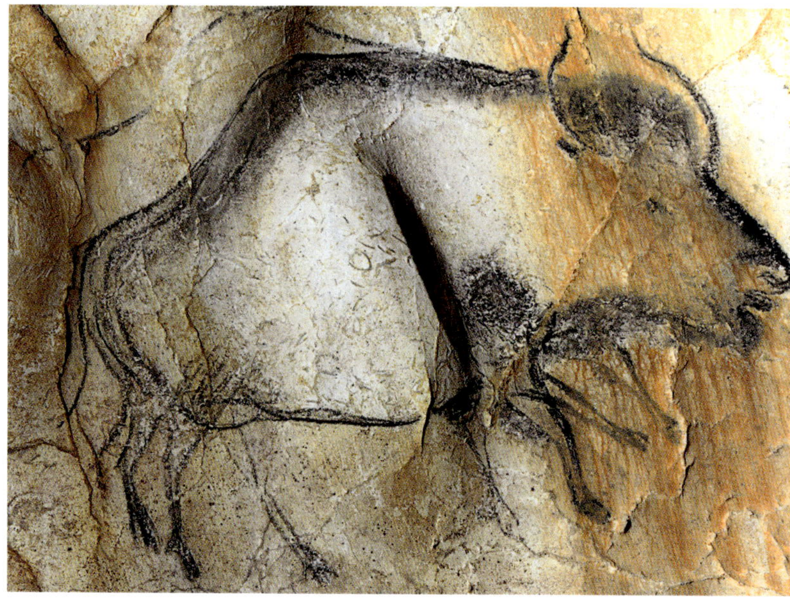

La spécificité de Chauvet-Pont d'Arc, comme en d'autres sites ornés aurignaciens, est la domination numérique, dans le bestiaire dessiné, de la faune la plus redoutable et la moins chassée. À eux tous, mammouths (soixante-seize), grands félins (soixante-quinze), rhinocéros laineux (soixante-cinq) et ours des cavernes (quinze) comptent pour 63 % du bestiaire identifiable, alors que plus tard, ces espèces seront beaucoup moins présentes et que chevaux et bisons deviendront majoritaires. Autre spécificité de Chauvet-Pont d'Arc : la diversité du bestiaire, puisque les quatre cent trente animaux appartiennent à quatorze (et peut-être quinze) espèces différentes, fait unique dans l'art pariétal : mammouths, lions, rhinocéros, chevaux, bisons, aurochs, bouquetins, ours, rennes, cerfs, cerfs mégacéros, bœufs musqués, panthère, hibou, hyène (?).

Le seul élément humain dessiné est le bas du corps d'une femme (salle du Fond). On connaît en revanche plusieurs sexes féminins gravés ou peints isolément, ainsi que les mains citées.

Enfin, les signes dits géométriques sont, comme toujours, particulièrement nombreux, avec les grosses ponctuations rouges mentionnées, des points isolés ou en groupe et surtout des symboles mystérieux en W appelés "signes de type Chauvet".

Niche des Chevaux. Chevaux face à face.

Niche des Chevaux. Bison à huit pattes.

L'art de la grotte Chauvet-Pont d'Arc, daté de la toute première phase de l'art des cavernes européen, présente donc d'indiscutables originalités tout en s'inscrivant dans une tradition et des modes de pensée et de croyance qui dureront vingt-cinq millénaires.

Les techniques

Les artistes trouvaient en surface dans la nature l'oxyde de fer, l'hématite, dont ils avaient besoin pour faire les peintures rouges. Si on sait qu'ils se sont parfois servis de pinceaux (poils d'animaux, bâtonnets), aucun élément ne s'est conservé. Certaines techniques – et leurs résultats – ont été reconstituées par l'expérimentation, comme la projection de peinture avec la bouche ou avec un tube pour faire les mains négatives, ou encore les tracés au fusain grâce à de gros morceaux de charbon. En ces temps glaciaires, le bois utilisé, surtout du pin sylvestre, était abondant dans la région et dans bien d'autres endroits. Quant à la gravure, elle pouvait se faire au doigt, lorsque la paroi était molle, avec un bâton ou un silex. C'est sans doute avec ce dernier, d'ailleurs, que l'on raclait les bords extérieurs d'un dessin pour le faire ressortir.

Salle du Fond. Bison à mains et bras humains près d'un bas de corps féminin.

Salle du Crâne. Deux mammouths face à face.

Double page suivante
Salle du Fond. Grand Panneau. Détail des têtes de lions en chasse.

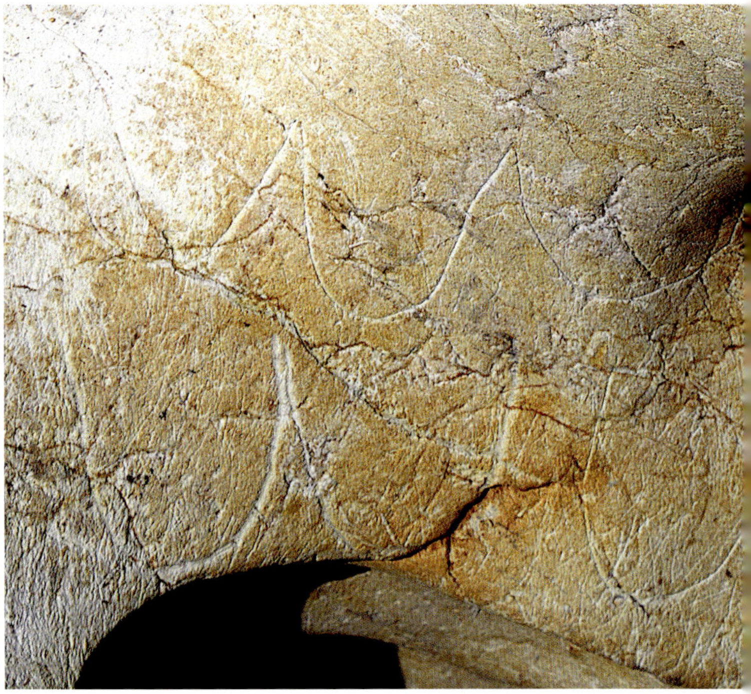

Des signes mystérieux

Avec Marc Azéma, nous avons dénombré certains signes géométriques particuliers, constitués de deux lobes jointifs, comme une sorte de W aux bords inférieurs arrondis. Stéréotypés et réalisés par deux techniques différentes (gravure et peinture rouge), relativement nombreux (dix-sept) et présents dans quatre parties distinctes de la caverne, ils renforcent ainsi l'unité de son art. Les superpositions constatées (pendant du Renne de la salle du Crâne) et leur patine ancienne rendent vraisemblable leur attribution à la première phase, aurignacienne, de cet art. Ces raisons nous ont incités à les appeler "signes de type Chauvet". Curieusement, les défenses d'un mammouth noir ont été refaites par gravure en deux courbes convergentes qui évoquent ces signes (salle du Fond). S'agirait-il de l'abréviation de défenses de mammouths vues de face?

Double page précédente, de gauche à droite, de haut en bas
Le grand panneau des Bisons de la salle du Fond.

Salle du Fond, paroi droite. Signes en W, gravés.

Salle du Fond. Exemple de superpositions multiples, avec des lions rouges, un renne et des lions noirs.

Sacristie, près de la salle du Fond. Mammouth noir, aux défenses regravées en une sorte de W.

Petit rhinocéros dans le couloir des Mégacéros.

Ci-dessus
Grand panneau des Rennes.

Bouquetin mâle sur un pendant rocheux du couloir des Mégacéros.

L'HISTOIRE DE L'ART BOULEVERSÉE

Détails des rhinocéros de la salle du Fond. Remarquer l'estompe pour les corps, le détourage pour le relief, la mise en perspective des pattes.

La première grotte ornée signalée, Altamira en Espagne, le fut en 1879. Encore fallut-il attendre 1902 pour que son ancienneté soit reconnue par les spécialistes de l'époque qui eurent beaucoup de mal à admettre que des peintures d'une telle qualité artistique aient été réalisées pendant les temps glaciaires. Le nouveau paradigme, défendu par les plus célèbres préhistoriens du XXe siècle, dont l'abbé Henri Breuil et plus tard André Leroi-Gourhan, devint que l'art avait eu des débuts frustes à l'Aurignacien avant de progresser peu à peu et d'atteindre l'apogée de Lascaux et d'Altamira quelque quinze mille ans plus tard. Ils s'appuyaient entre autres sur des plaques plus ou moins grossièrement gravées trouvées dans des abris aurignaciens de la Dordogne.

La découverte de la grotte Chauvet-Pont d'Arc et surtout les datations anciennes obtenues ont mis cet édifice à bas. Comme à la fin du XIXe siècle, des résistances, peu nombreuses mais irréductibles, se sont manifestées chez certains qui n'arrivent pas à admettre l'ancienneté de cet art, malgré les preuves accumulées depuis dix-huit ans et la datation à l'Aurignacien d'autres sites ornés (Baume Latrone dans le Gard, l'Aldène dans l'Aude, El Castillo en Espagne).

L'évolution de l'art préhistorique, pourtant, suit à présent un schéma classique partout dans le monde. Plutôt que de connaître une évolution graduelle de la médiocrité vers l'excellence au fil des millénaires, il connut des périodes, sans doute nombreuses, d'apogées et de déclins, en fonction des temps, des lieux et des personnes.

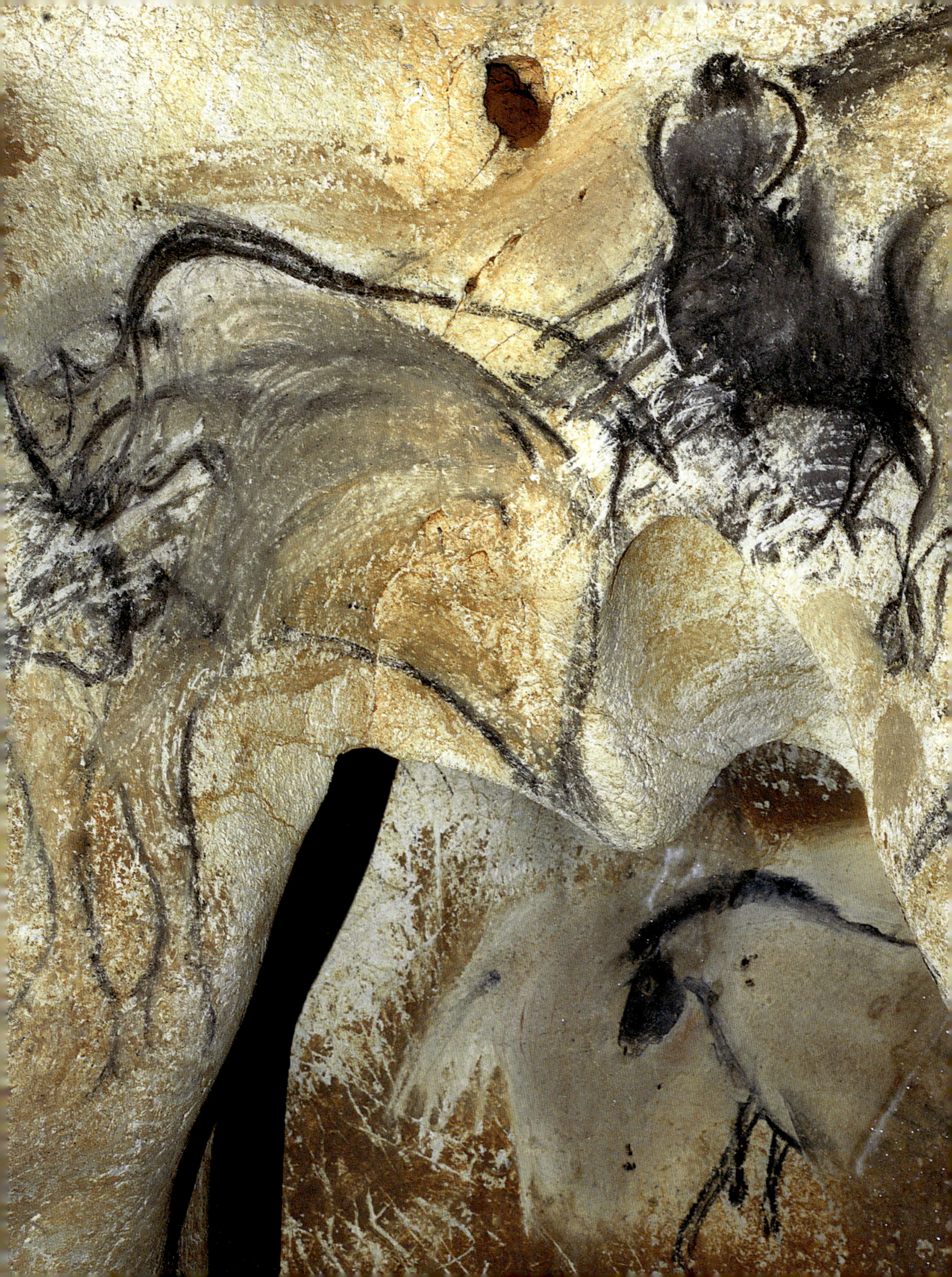

Un sanctuaire et des croyances

Essayer de comprendre les raisons pour cet art

Puisque la caverne n'était pas habitée, pourquoi tous ces dessins? Cette question se pose d'autant plus pour la grotte Chauvet-Pont d'Arc qu'il s'agit de l'un des sites majeurs de l'art préhistorique et que traces et vestiges y sont bien conservés.

Double page précédente
Salle du Fond. Des lions chassent des bisons à droite d'une niche centrale avec un cheval en son sein. Sur ses bords se voient bisons, mammouths et rhinocéros. Un grand panneau à gauche de la niche centrale comprend tout un ensemble de rhinocéros, ainsi que des lions et un renne.

Salle du Fond. En haut, la moitié du corps d'un bison paraît sortir de la roche. Il en est de même pour le cheval de la niche centrale du grand panneau.

La grotte Chauvet-Pont d'Arc ne fut un habitat ni pour les Aurignaciens ni pour les Gravettiens. Les quelques sondages de l'équipe scientifique ont révélé les traces de leurs passages mais pas de séjours prolongés. Ils demeurèrent ailleurs dans la vallée et sur les plateaux où nombre de sites restent certainement à découvrir.

D'autre part, l'étude de leurs vestiges et des traces de leurs incursions dans la caverne, tout comme des superpositions de dessins ou des raclages d'œuvres antérieures, donne à penser que s'ils parcoururent ces galeries un certain nombre de fois et à des époques différentes, la grotte ne fut pas intensément fréquentée et utilisée.

Ces faits posent à l'évidence le problème des raisons qui incitèrent ces gens à s'y rendre pour y réaliser leurs dessins et s'y livrer à des activités qui n'ont laissé que des traces ténues.

Pour répondre à ces questions nous disposons de deux outils : l'observation des œuvres, des traces et des vestiges ; les comparaisons ethnologiques avec les pratiques de peuples qui, à des époques plus ou moins récentes voire contemporaines, ont dessiné, peint ou gravé dans des abris ou dans des grottes et dont les motivations nous sont connues.

Cette démarche n'est pas dépourvue de risques, car l'on ne saurait calquer les croyances de peuples aussi divers qu'originaux sur les civilisations des temps glaciaires. En 1992, une grande exposition du musée de l'Homme s'intitulait "Tous parents, tous différents". La diversité culturelle humaine étant infinie, nous ne connaîtrons jamais les détails des mythologies et des religions préhistoriques, aussi complexes, n'en doutons pas, que les nôtres.

Si nous sommes tous "différents", nous sommes également "tous parents". Cela signifie, outre nos origines biologiques, que nous avons des communautés de besoins, de réactions et de pensées. Si les arcanes de ces dernières nous échappent chez nos "parents", leurs structures fondamentales nous sont accessibles dans leurs causes et leurs expressions. Ce sont elles que nous nous efforçons de déceler dans les témoignages anciens qui nous sont parvenus.

À Chauvet-Pont d'Arc, nous l'avons vu, les Aurignaciens sont allés partout, jusque dans les fonds. Or, dans le monde entier, le milieu souterrain a toujours été perçu comme le domaine des esprits ou des morts, comme un monde-autre. Pénétrer au plus profond n'avait donc rien d'une exploration anodine. Les hommes du Paléolithique savaient qu'ils étaient dans le royaume des esprits et ils s'attendaient à les y rencontrer. À la lumière mouvante de leurs torches, les parois s'animaient et ils y voyaient des formes animales. Ce n'est pas une hypothèse, mais une constatation. À Chauvet-Pont d'Arc, comme dans la majorité des grottes ornées, ils ont utilisé les reliefs naturels plus ou moins suggestifs, creux, bosses, fissures, pour réaliser leurs œuvres, soit que des accidents de la paroi complètent le dessin, soit que l'animal semble surgir d'un creux. Dans les deux cas, l'idée de base est la même : l'animal-esprit est présent au sein de la roche, prêt à en sortir et par là même accessible. La paroi était donc considérée comme un voile perméable entre le monde quotidien et le monde-autre, idée chamanique s'il en fut.

Nous ne savons évidemment pas si la grotte fut utilisée pour la recherche de visions et si les images y concouraient, comme c'est le cas par exemple pour des cultures amérindiennes, mais l'hypothèse est loin d'être à exclure.

Sur la paroi de la caverne, ces images elles-mêmes, comme dans la plupart des religions, étaient chargées de pouvoir. Elles avaient bien entendu une signification intrinsèque et résultaient de croyances et de mythes, c'est-à-dire d'histoires sacrées. C'est le cas partout. Par exemple, dans une église, la croix évoque et rappelle la Passion du Christ tout en étant un objet sacré auquel s'adressent les croyants. Les mythes pouvaient évoluer sans que les structures de la religion en soient profondément modifiées. À Chauvet-Pont d'Arc, les animaux les plus formidables furent dessinés en majorité, alors

Salle du Crâne. Pendant rocheux où des images de rennes ont été raclées comme s'il s'agissait de les détruire.

Mammouth de la galerie du Cactus, dont seul l'arrière-train a été dessiné : tout le reste du corps est fait de lignes naturelles. L'auteur du dessin a vu le mammouth dans la roche.

Salle du Crâne. Bouquetin gravé semblant sortir à demi de la roche.

Salle Hillaire. Aurochs gravé, l'arrière-train disparaissant dans la paroi.

Le chamanisme

En réalité, nous n'avons aucune preuve matérielle des rituels qui se sont déroulés devant les peintures : chants, danses, prières, visions ne laissent pas de traces, et nous ne pouvons que les imaginer par comparaison avec des civilisations traditionnelles, qui pratiquent encore (Inde, Australie) ou pratiquaient il y a peu de tels rites – toujours complexes et propres à chaque culture – devant des parois ornées. La constante que l'on retrouve est que la paroi était vivante, chargée de pouvoir et animée par les esprits. L'attitude qui consistait à expliquer les phénomènes de la nature (orages, formes des montagnes, etc.) par des forces surnaturelles était très répandue chez ces peuples non scientifiques, à plus forte raison lorsque l'on pénétrait dans ce monde étrange et mystérieux qu'était pour eux le milieu souterrain.

que plus tard, ce seront les animaux chassés. Nous avons aussi des exemples modernes de changement. Dans les églises catholiques construites jadis, le personnage du Diable jouait un rôle non négligeable, alors que de nos jours il est passé au second plan et ne serait plus représenté.

Certaines des images ne correspondent pas à la réalité anatomique. En face du panneau des Chevaux, un félin vertical a des sabots d'ongulé. Tout au fond de la grotte, sur un grand pendant, un être à tête de bison a le bras terminé par une main humaine. Dans les cultures chamaniques, ces "êtres composites", à caractéristiques humaines et animales, peuvent représenter des chamans transformés, par exemple lorsque leur esprit auxiliaire (souvent à forme animale) les habite au cours de la transe, ou encore des esprits surnaturels rencontrés dans le monde de l'au-delà, voire un Maître des animaux comme on en connaît chez divers peuples. Les transformations, fruit de la fluidité qui caractérise les conceptions chamaniques, peuvent également affecter des animaux, qui seront alors dotés de caractères appartenant à plusieurs espèces, comme le lion aux sabots.

Dans la grotte, les images se superposaient souvent sur les mêmes panneaux. Chaque nouvelle représentation participait de la puissance accumulée et y ajoutait la sienne. On pouvait aussi détruire celles qui n'avaient plus d'emploi. Ce type d'actions se retrouve également dans de nombreux lieux de culte appartenant à des religions différentes.

Dans la niche des Chevaux, un lion vertical a des pattes d'ongulé.

Salle du Crâne. Mammouth dessiné avec trois défenses. Un mammouth schématique, tourné à gauche, lui est superposé sur l'arrière-train.

En revanche, la distribution des images dans la caverne nous éclaire sur les motifs de ceux qui les créèrent. Ces motifs furent certainement nombreux et divers, mais à leur base il dut y avoir une idée d'un pouvoir surnaturel auquel l'on pouvait accéder. Ainsi, nous comprenons mieux les raisons de l'accumulation des animaux autour de la niche des Chevaux après avoir observé un phénomène étrange : à la suite de fortes pluies, il arrive que l'on entende tout au fond des gargouillements. C'est l'eau qui s'accumule dans les vides au-delà des parois. Au bout d'un certain temps, cette eau atteint un niveau donné et se met à couler dans la salle par une toute petite ouverture. Elle ruisselle et finit par recouvrir le sol de la salle du Crâne. Il va de soi que si des Aurignaciens furent témoins du phénomène, ils n'ont pas manqué d'en être impressionnés et de l'attribuer à de tout autres causes. Ce lieu, pour eux chargé de puissance surnaturelle, ne pouvait qu'attirer les peintures.

Au milieu de la salle du Crâne, lorsque ces inondations se produisent, un bloc rocheux détaché du plafond est alors entouré d'eau. Il se trouve dans une situation remarquable. Un feu, daté d'au moins trente-cinq mille ans, a été fait sur sa surface plane. Puis, un crâne d'ours y a été déposé. L'ensemble, spectaculaire, évoque irrésistiblement un autel et nous rappelle que l'ours, omniprésent dans la grotte avec ses ossements, ses griffades, le poli des parois et ses bauges, imprégnait le milieu de sa présence. En outre, dans la salle d'entrée, deux humérus d'ours furent plantés sur la moitié de leur

En bas à gauche, entre deux rhinocéros, a été représenté un animal n'existant pas dans la nature, et donc ininterprétable.

Salle du Fond. Un bison semble sortir d'une niche. Sa tête et son corps sont sur deux plans différents.

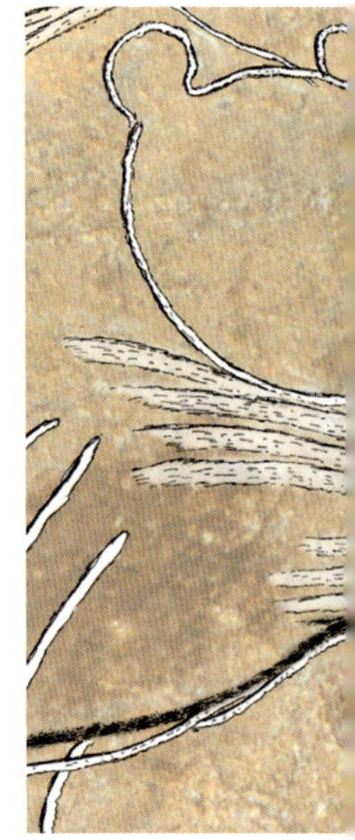

hauteur, chacun non loin d'un crâne d'ours, à une douzaine de mètres l'un de l'autre. Le rôle vraisemblable de l'ours dans les croyances et pratiques de ceux qui fréquentèrent Chauvet-Pont d'Arc a été souligné par une ethnologue qui envisage qu'il "était peut-être perçu comme un intermédiaire entre les mondes : humain et animal, souterrain et aérien, vivant et mort [...]. Si l'ours ne se confondait pas avec un principe divin, il pouvait représenter le messager entre les puissances surnaturelles et le monde sensible et être, à ce titre, investi du rôle de médiateur entre les hommes et le cosmos" (Joëlle Robert-Lamblin, *in* J.-M. Geneste (dir.), 2005, p. 202).

L'idée de cette perméabilité des mondes, du passage des animaux-esprits de l'un à l'autre et des contacts que l'on peut établir avec eux, est attestée par l'utilisation fréquente des avatars de la paroi. Dans certains cas, des animaux seront dessinés en fonction du relief (petit mammouth rouge près de l'entrée), dans d'autres des fissures suggérant tel ou tel élément anatomique seront complétées pour esquisser un animal (bouquetin rouge du diverticule des Ours, mammouth noir de la salle du Cactus). À plusieurs reprises, des avant-trains émergent d'un creux de la paroi et l'arrière-train fait défaut, comme s'il était resté dans la roche (aurochs gravé près du grand effondrement, lion gravé, rhinocéros et bison noirs de la salle du Fond). Le procédé concerne toutes les techniques (peinture rouge, dessin noir, gravure) et une grande variété d'animaux. Il s'agit donc d'un véritable état d'esprit appliqué

Dans le diverticule des Ours rouges, un bouquetin a été esquissé en se servant de fissures naturelles préexistantes.

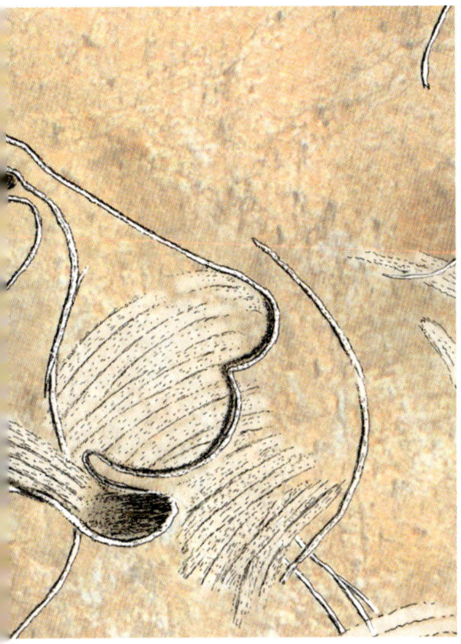

La magie de la chasse

Plusieurs théories explicatives ont été avancées. Elles ne sont pas nécessairement contradictoires et chacune peut expliquer certains aspects de l'art. Pendant un demi-siècle, jusqu'au début des années 1960, ce fut l'hypothèse de la magie de la chasse, surtout soutenue par le comte Bégouën et l'abbé Breuil. Elle suppose une relation directe entre l'image et la réalité. On dessine un bison dans une grotte et on appose une flèche sur son corps pour l'envoûter et tuer beaucoup de bisons. D'autres aspects de la magie dite "sympathique" étaient la magie de la fécondité (dessiner des animaux pour qu'ils se multiplient) et celle de la destruction pour les espèces nuisibles. Ce n'était pas sans contradiction, puisqu'on représentait certains animaux pour qu'ils se reproduisent et d'autres pour qu'ils disparaissent.

Salle du Fond, paroi droite. Relevé des traces de doigts avant et après cette tête de lion. Relevé Marc Azéma et Jean Clottes.

Salle d'entrée. Humérus d'ours à demi planté dans le sol, près d'un crâne d'ours des cavernes.

à diverses espèces. Cette conception particulière du rôle de la roche est parfaitement en accord avec les conceptions chamaniques. Dans le même ordre d'idées, on peut aussi citer des animaux dessinés comme s'ils sortaient d'un fond de galerie ou d'un réduit, tel le cheval au centre du grand panneau des Lions de la salle du Fond.

Enfin, nous avons d'autres indices, avec les traces de certaines actions, d'une pensée tournée vers la communication avec le monde de l'au-delà. Sur le grand panneau de droite de la salle du Fond, avec Marc Azéma, nous avons relevé des traces de doigts qui ne correspondent ni à une préparation de la paroi, ni à la réalisation de dessins, ni à des appuis fortuits. Certaines personnes ont délibérément passé leurs mains sur la paroi avant, pendant et après la réalisation des dessins. Il s'agissait non pas de créer une image visible, car ces traces sont difficilement discernables, seulement en lumière frisante, mais de toucher la paroi. Les très nombreuses grosses ponctuations rouges réalisées en enduisant la main de peinture et en apposant la paume sur la paroi, comme les mains positives ou négatives, pouvaient servir à capter les forces que l'on croyait affleurer. Cette hypothèse est celle qui rend le mieux compte des faits établis, non seulement par les observations de terrain et par les découvertes récentes, mais également en prenant en compte ce que l'on sait des modes de pensée dans des sociétés traditionnelles.

Salles Rouges. Ours peint non loin des mains négatives. L'ours est très présent dans la caverne avec des milliers d'ossements et d'innombrables traces sur les parois (griffades) et sur les sols. Il fut également représenté sur les parois.

Non loin de la salle Brunel. Grosses ponctuations rouges faites avec la paume appliquée sur la paroi. Ce type de grosses ponctuations est très fréquent dans la grotte, particulièrement dans toute sa première partie.

Salle du Fond. Rhinocéros qui semble cracher du sang. L'interprétation d'une telle peinture est difficile. On constate trois étapes pour cette représentation : d'abord, la paroi a été raclée ; puis l'animal a été dessiné en noir, avec des reprises pour la ligne du dos ; enfin, on a rajouté des traits rouges sur les cornes, pour la mâchoire, sur le corps et paraissant sortir de sa bouche.

Le structuralisme d'André Leroi-Gourhan

André Leroi-Gourhan renouvela l'étude de l'art des cavernes où, plutôt que des opérations magiques répétées un peu au hasard, il vit une construction, des structures. Selon lui, certains animaux (bisons, chevaux) occupaient les panneaux centraux et étaient souvent associés. D'autres, comme les lions, se trouvaient plutôt dans les marges ou dans les fonds. Ces animaux devaient incarner des principes différents, peut-être opposés ou complémentaires. C'était un système essentiellement binaire. Il pensa que, bien que d'autres interprétations soient possibles, il pouvait s'agir d'une conception sexuelle du monde et de la nature, les bisons représentant le principe femelle et les chevaux le principe mâle. Le bestiaire de la grotte Chauvet-Pont d'Arc, avec entre autres la place prééminente des lions, entre difficilement dans ce cadre, même si certaines structures apparaissent.

LE CHAMANISME

Le chamanisme est sans doute la plus ancienne religion de l'Humanité, puisqu'elle fut connue sur tous les continents, y compris et surtout le continent américain avant l'expansion européenne. C'est essentiellement une religion de chasseurs, même si elle survécut et survit aux changements fondamentaux de mode de vie qui virent un passage à des économies de production (agriculture et élevage).

Deux concepts de base caractérisent le chamanisme et le distinguent d'autres conceptions du monde. Le premier est la fluidité.

Dans les sociétés matérialistes comme la nôtre, où la science joue un grand rôle, il existe une rigidité factuelle des frontières entre nous et tout le reste. Humains, animaux et forces de la nature sont bien distincts, même s'ils interagissent les uns avec les autres. Même le monde surnaturel des croyants ne leur est directement accessible ni dans un sens ni dans l'autre. On peut lui envoyer des prières et en recevoir des bienfaits mais sans contacts directs. Dans les cultures de type chamanique, au contraire, l'univers est fluide. Les esprits et les chamans eux-mêmes peuvent souvent prendre des formes animales, de sorte que cela induit des croyances et un respect tout particulier à l'égard des animaux.

Le second grand concept est celui de la perméabilité du monde. La vie quotidienne est influencée dans tous ses détails par les esprits du monde (ou des mondes) parallèle(s) à celui où l'on vit. Les humains, dont les actions, entre eux ou vis-à-vis des esprits, se répercutent dans l'autre monde, subissent ainsi leur influence constante. La perméabilité joue dans les deux sens. Certaines personnes ont la possibilité et la capacité, dans certaines circonstances, d'entrer en contact direct avec les esprits surnaturels, par la transe et les visions qui constituent l'un des éléments essentiels du chamanisme.

La nature et la localisation du monde surnaturel varient selon les cultures. Il peut se trouver dans les cieux, les eaux profondes (mers, rivières, sources, étangs), les hautes montagnes, ou encore au sein des roches et du

Dans la niche des Chevaux, le trou à la base laisse parfois couler de l'eau qui va inonder la salle du Crâne.

Salle du Fond, paroi droite. Deux lions, un sexe féminin, deux rhinocéros et un ours. Remarquer les frottis de la paroi avant et après les dessins. Sur le bas, griffades d'ours. Relevé Marc Azéma et Jean Clottes.

Salle du Crâne. Le sol est couvert d'eau.

Salles Rouges. Les sols jonchés d'ossements d'ours dans l'atmosphère étrange de la caverne n'ont pas manqué de stimuler l'imagination des hommes préhistoriques qui s'y rendirent.

monde souterrain. Seules les montagnes et le monde souterrain seront physiquement accessibles en cas de besoin. Rien d'étonnant à ce que ces lieux soient considérés comme chargés de pouvoir surnaturel et d'une importance à proprement parler vitale.

Les visions, quel que soit le moyen utilisé pour les obtenir – et ils sont nombreux –, dépendent de deux facteurs principaux : le fonctionnement du cerveau humain et la culture qui codifie et enseigne ce qu'on doit attendre du monde de l'au-delà, de ses possibilités et de ses dangers.

LA FIGURE FÉMININE

Dans la salle du Fond, sur un pendant rocheux faisant face à la grande paroi ornée de lions chassant des bisons, un bas de corps de femme (jambes et vulve) a été dessiné, vu de face, sans doute pour bien indiquer le sexe. Dans le reste de la cavité, on a répertorié une demi-douzaine de triangles pubiens avec la vulve, sans le reste du corps : c'est donc la féminité qui était montrée et accentuée. Aucune autre représentation humaine n'apparaît dans la caverne. Ce n'est pas pour étonner, les humains étant très rarement représentés dans tout l'art pariétal paléolithique. Y a-t-il des conclusions à apporter ? Cela signifierait-il une pratique pour demander une certaine fécondité ?

LES ARTS

Nombreux sont ceux qui s'étonnent de la qualité artistique des œuvres d'art de la grotte Chauvet-Pont d'Arc, d'autant qu'elles remontent à un passé perçu comme très reculé – au moins trente-six mille ans. En réalité, cela n'est pas si loin de nous, puisque notre espèce, l'Homme moderne, est datée d'environ deux cent mille ans en Afrique. En Europe, au contraire, ce dernier est un nouveau venu – vieux de quarante à quarante-cinq mille ans tout au plus. Il n'est donc pas étonnant que l'on ait trouvé, il y a peu, des œuvres d'art diverses, beaucoup plus anciennes : en Afrique (petit bloc d'hématite travaillé, poli et orné de croix et de lignes à Blombos, vers soixante-quatorze mille ans, et coquilles d'œufs d'autruche ornées de bandes hachurées à Diepklof, vers soixante mille ans) ; en Indonésie (tout récemment, une main négative datée de quarante mille ans à Sulawesi). Chauvet-Pont d'Arc ne représente donc pas la naissance de l'art ! En revanche, dans cette grotte, il y a eu un ou plusieurs grands artistes, maîtrisant avec brio toutes les techniques de la représentation naturaliste :

perspective, estompe, détourage, attitudes et expressions des animaux. Cela pose à l'évidence le problème de leur formation, de leur entraînement et du partage de leurs connaissances. Avant d'arriver à de tels résultats, il a dû obligatoirement y avoir un choix de jeunes, naturellement doués pour le dessin, dont la formation a été suivie d'un apprentissage. Tout cela est logique. La découverte de la caverne ardéchoise a cependant produit un choc. En effet, il y a une vingtaine d'années encore, on croyait que l'art était né en Europe, avec des débuts frustes et grossiers et qu'il s'était amélioré au fil du temps. Chauvet-Pont d'Arc montre que, dès une période relativement ancienne, il existe de grands artistes et que le développement de l'art préhistorique, comme celui de toutes les formes artistiques, connaît des hauts et des bas, des apogées et des déclins, en fonction des cultures et des personnes.

LES FÉLINS

La grotte Chauvet-Pont d'Arc est sans conteste la "caverne de l'Ours", en raison de l'abondance et de la visibilité des vestiges et des traces des ours des cavernes. C'est également la "caverne des Lions", par le nombre très inhabituel (soixante-quinze) des grands félins représentés. Ils ont survécu pendant la majeure partie de la dernière glaciation et étaient présents dans le paysage à l'époque où la grotte a été ornée. Le lion des cavernes était plus grand (une fois et demie environ) et plus robuste que le lion africain. Les mâles n'avaient pas de crinière : c'est un fait que l'on soupçonnait depuis longtemps, mais dont nous avons eu la confirmation dans la grotte avec la représentation d'un lion dont le scrotum est figuré, celui contre lequel se frotte une femelle (cf. p. 84, haut). L'étude des images de félins par un spécialiste des lions actuels prouve que les scènes dessinées correspondent à des attitudes et à des modes d'action comparables : scènes de préaccouplement, lorsque le mâle tourne autour de la femelle et la renifle, tandis que celle-ci refuse d'abord ses avances, s'assoit et montre les dents (p. 85), ou encore lorsque la lionne accepte et se frotte contre le mâle ; grande scène de la

Salle du Fond, paroi gauche. Grands lions (2,50 mètres) en phase de préaccouplement. Un mammouth a été gravé au-dessus d'eux.

Fond de la salle des Bauges. Panthère et hyène (ou ours ?).

Niche des Chevaux. Scène de préaccouplement de lions des cavernes. Le mâle renifle la femelle qui montre les dents.

chasse aux bisons où, normalement, c'est la lionne qui chasse le petit gibier (antilopes, par exemple), mais lorsque la traque s'adresse à du gros gibier (buffles ou, ici, bisons), les mâles, plus lourds et plus forts, se joignent à la chasse (ainsi qu'on le voit sur le grand panneau de la salle du Fond, où le spécialiste a distingué aisément mâles et femelles d'après leurs proportions corporelles). Enfin, dans la grotte, nous avons une image unique dans l'art pariétal : celle d'une panthère des neiges (ci-dessus), animal qui a lui aussi disparu avec la fin de la dernière glaciation.

RHINOCÉROS LAINEUX

Le rhinocéros reste l'une de ces autres espèces que l'on associe à l'Afrique, mais qui existait lors des temps glaciaires en Europe et qui s'est éteinte avec eux. Son nom vient de l'épaisse toison qui le protégeait du froid. Plus grand que le rhinocéros africain, il pouvait peser jusqu'à 3 tonnes. Il possédait deux cornes, la première, très longue, mesurant parfois plus d'une centaine de centimètres. Dans la grotte Chauvet-Pont d'Arc, nous en avons répertorié soixante-six – le dernier découvert a été mis au jour par Gilles Tosello, lorsqu'il a reproduit le panneau où l'on en comptait déjà dix-sept, dont plusieurs représentés en perspective, comme un troupeau. Une bande verticale est presque toujours dessinée au milieu de leur corps,

Rhinocéros dessiné comme s'il sortait d'un fond près du couloir des Mégacéros.

matérialisant sans doute une différence de coloration du pelage. Les rhinocéros laineux n'étaient pas ou peu chassés et faisaient partie des espèces les plus redoutables – celles majoritairement représentées dans la caverne. Si l'on additionne les ours, les félins, les rhinocéros et les mammouths, ces espèces, généralement rares dans l'art paléolithique postérieur, atteignent ici 63 % des animaux identifiables, alors qu'elles deviennent notablement moins fréquentes au cours des périodes suivantes.

MAMMOUTHS

Ces énormes mammifères, dont certains pouvaient atteindre 5 mètres au garrot, sont des cousins des éléphants d'Afrique. Très présents dans le paysage, ils n'ont pu manquer de frapper l'imagination des hommes du Paléolithique, qui, même s'ils ne les ont pas ou peu chassés, ont récolté leurs défenses pour les travailler et en faire des armes – pointes de sagaies, dont une se trouve dans le couloir des Mégacéros, en surface – ou des objets qu'ils gravaient ou sculptaient. Les mammouths avaient le corps recouvert de très longs poils pouvant atteindre une centaine de centimètres, mais il est rare que ce pelage ait été représenté. Leurs traits caractéristiques restent leur silhouette typique, avec la ligne cervico-dorsale et la bosse du crâne suffisant à les identifier, les deux défenses et la trompe. Cette dernière, comme pour les éléphants, se termine par deux doigts préhensiles, ce qu'ont évidemment remarqué et parfois reproduit les artistes. En revanche, ces derniers n'ont pas dessiné le clapet anal, sorte de soupape protégeant l'anus du froid, et ils n'ont pas laissé de détails, non plus, nous permettant de distinguer les sexes de ces animaux gigantesques – soixante-seize au total dans la grotte Chauvet-Pont d'Arc, nombre le plus élevé dans l'art pariétal, après la grotte de Rouffignac (Dordogne), qui en compte plus du double.

Empreinte numérisée

Un espace de restitution

Fermée au public depuis sa découverte en 1994 à des fins de préservation, la grotte Chauvet pourra quand même être visitée grâce à l'espace de restitution. La technologie 3D novatrice permettra de rendre compte de toutes les merveilles de la cavité.

Vu du ciel, le site aura la forme d'une patte d'ours. L'espèce emblématique de la grotte donnera ainsi son empreinte à l'espace de restitution qui sera construit sur les hauteurs de Vallon-Pont-d'Arc et ouvrira en 2015. Sur vingt-neuf hectares, cinq pôles seront disséminés dans un espace paysager et reliés par des cheminements piétons. À chaque partie de l'empreinte son utilité : la réplique de la grotte, le centre de découverte, l'espace pédagogique, le pôle événementiel, les espaces de restauration et de services. Trois à quatre cent mille visiteurs y seront attendus chaque année, avec comme point d'orgue de la visite cette fameuse réplique de 3 400 m^2 conçue pour être le plus grand fac-similé de grotte au monde. Rien ne sera d'ailleurs laissé au hasard : la technologie 3D novatrice mise au point par le géomètre Guy Perazio permettra de restituer les 8 500 m^2 de la véritable cavité dans un espace limité, tout en conservant la perception des volumes originaux. L'enregistrement de plusieurs millions de points permettra de reproduire la surface, et six mille photos numériques des fresques seront réalisées et superposées à la "peau" informatique. Pour susciter l'émotion, les cinq sens seront stimulés : fraîcheur, humidité, silence, obscurité, sensations olfactives contribueront à immerger les visiteurs dans cet espace habité par la présence des hommes et des ours. La spécificité acoustique de

Double page précédente
Vue aérienne du chantier de la Caverne du Pont d'Arc.

La niche au cheval du grand panneau dans la Salle du fond.

Juin 2012. Vue sur le paysage où sera construite la Caverne du Pont d'Arc. En arrière-plan, l'Ardèche s'offre aux regards.

La grotte Chauvet-Pont d'Arc fut portée candidate à l'inscription au patrimoine mondial de l'Unesco en janvier 2013, un pas de plus dans la conservation de la grotte. La décision fut rendue pendant l'été 2014. La grotte figure actuellement sur la liste sous la dénomination : "Grotte ornée du Pont d'Arc, dite grotte Chauvet-Pont d'Arc, Ardèche".

la grotte sera également respectée. La totalité du parcours s'effectuera sur une passerelle, comme dans la cavité originale.

Ouvert vingt ans après la découverte de la grotte, l'espace de restitution – qui aura coûté plus de cinquante millions d'euros et aura été soutenu par le Conseil général de l'Ardèche, la Région Rhône-Alpes, avec l'appui de l'État et de l'Europe – sera le résultat de nombreuses tractations. Le choix a été fait de le construire sur le site du Razal car il était proche de la cavité originale et possédait la même végétation de garrigue. D'autres voix s'élevaient pour demander qu'il soit plus central afin que les retombées économiques puissent toucher l'ensemble de l'Ardèche et non pas uniquement la vallée du Rhône et la région de Vallon-Pont-d'Arc, déjà très touristiques. Malgré ce choix, la construction de l'espace de restitution s'est accompagnée d'un volet territorial qui vise à faire de l'Ardèche une destination culturelle et patrimoniale, en permettant la création de nouvelles filières touristiques et un projet d'aménagement de trente-sept sites locaux, comme le musée d'Alba-la-Romaine, le Grand Site de France d'Orgnac-l'Aven et la combe d'Arc.

Aurélie Filippetti, ministre de la Culture et de la Communication, Pascal Terrasse, président du Conseil général de l'Ardèche, président du Syndicat mixte de l'espace de restitution de la grotte Chauvet-Pont d'Arc, Jean-Jack Queyranne, président du Conseil régional Rhône-Alpes, ancien ministre, Claude Benahmed, maire de Vallon-Pont-d'Arc, et Jean Clottes, préhistorien, président du Comité scientifique, ont symboliquement posé la première main de l'espace de restitution de la grotte Chauvet-Pont d'Arc le 12 octobre 2012.

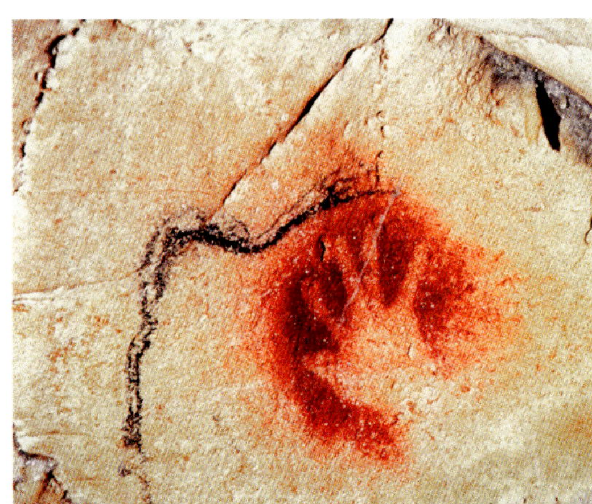

Bibliographie

La Grotte Chauvet à Vallon-Pont-d'Arc, Jean-Marie Chauvet, Éliette Brunel-Deschamps, Christian Hillaire, postface de Jean Clottes, Seuil, Paris, 1995.

La Grotte Chauvet: l'art des origines, Jean Clottes (dir.), Seuil, Paris, 2001, 2010.

"Chauvet, la grotte ornée la mieux datée du monde", Hélène Valladas, Jean Clottes, Jean-Michel Geneste, dossier "Le temps des datations", *Pour la Science*, n° 42, Paris, 2004, p. 82-87.

Les Félins de la grotte Chauvet, Jean Clottes, Marc Azéma, Seuil, Paris, 2005.

Les Mammouths de la grotte Chauvet, Bernard Gély, Marc Azéma, Seuil, Paris, 2005.

"La grotte Chauvet: un bilan des recherches pluridisciplinaires", Jean-Michel Geneste (dir.), *Actes des journées SPF (Lyon, octobre 2003), Bulletin de la Société préhistorique française*, n° 102-1, Paris, 2005.

"La grotte Chauvet, dix ans après", Jean Clottes, Jean-Michel Geneste, *in* "Grottes ornées en France", *Dossiers d'archéologie*, n° 324, p. 10-19, Dijon, 2007.

Pourquoi l'art préhistorique?, Jean Clottes, Gallimard, coll. "Folio essais", Paris, 2011.

L'art des cavernes préhistoriques, Jean Clottes, Phaidon, Paris, 2008, 2010.

Karst, paysages et préhistoire, Jean-Jacques Delannoy, Stéphane Jaillet, Benjamin Sadier (dir.), Université de Savoie, coll. "Edytem", n° 13, Le Bourget-du-Lac, 2012.

Ouvrage publié sous la direction de
Aude Gros de Beler

Conception graphique
Anne-Laure Exbrayat

Fabrication
Karima Chabaud

Photogravure
Terre Neuve

Ouvrage reproduit et achevé d'imprimer en avril 2015
par l'imprimerie Egedsa, à Barcelone,
pour le compte des éditions Actes Sud
Le Méjan, place Nina Berberova, 13200 Arles